Para

_____

De

_____

Fecha

_____

La Guerra por La Genética

Apóstol Dr. Mario H. Rivera

&

Pastora Luz Rivera

**Publicado por
LAC Publications
Derechos reservados**

© 2020 LAC Publication (Spanish Edition)
Primera Edición 2020
© 2020 **Mario H. Rivera y Luz Rivera**
Todos los derechos reservados.

ISBN: 978-1-7352744-5-4

© **Mario H. Rivera y Luz Rivera
Reservados todos los derechos**

Ninguna porción ni parte de esta obra se puede reproducir, ni guardar en un sistema de almacenamiento de información, ni transmitir en ninguna forma por ningún medio (electrónico, mecánico, de fotocopias, grabación, etc.) sin el permiso previo de los editores. La única excepción es en breves citas en reseñas impresas.

Diseño de la portado: Juan Luque

Impreso en USA (Printed in USA)
Categoría: Guerra Espiritual

Índice

1 Capítulo

La Evolución Adámica

- El decline de la línea de Adam
- La intención original de Dios
- Los estudios científicos
- La interrupción de la vida
- La promesa de la resurrección
- La fuente de la vida
- Sólo hay 2 clases de adanes
- Las 6 fases de tentación de la línea de Adán
- La introducción de la muerte
- La línea de Adán y Eva
- ¿Qué es la muerte?
- El proceso de la tentación y el decline
- Lo contrario a la irresponsabilidad es madurez
- La inteligencia de la tentación
- El contraste entre la prueba y la

tentación
- ¿Por dónde llega la tentación a tu vida?
- El aborto del tesoro oculto
- La terminología de la semilla
- El origen de la irresponsabilidad
- La línea de Eva la madre de los vivientes
- El hombre como piedra de ángulo
- El poder de las influencias
- La guerra de poderes
- Los 7 adanes
- Cronología de los adanes
- Las cicatrices de las maldiciones del primer Adán
- La maldición de la serpiente
- El castigo a la mujer
- El castigo y maldición a la Tierra
- Ejemplo de maldición ancestral adámica
- ¿Cómo vivir en la línea de no muerte?
- El sacrificio de Cristo

2 Capítulo

La Batalla por La Verdadera Kenosis

- La esencia derivada
- La controversia cristiana de la kenosis
- La kenosis de Su Divinidad
- La naturaleza kenótica de Dios
- La kenosis del Altísimo
- La naturaleza kenótica de El Padre
- La naturaleza kenótica de El Hijo
- La naturaleza kenótica de El Espíritu Santo
- La naturaleza kenótica de el creyente
- La evolución del espíritu de amargura
- La kenosis de la evolución del celo carnal
- Más que vencedores

3 Capítulo

Los Labradores de Los 7 Adanes

- Los 7 Adanes
- El oficio de El Padre
- El huerto y su significado
- La recompensa de El Padre
- El ciclo de la vid

4 Capítulo

El Proyecto Adam

- ¿Qué significa ser un labrador?
- ¿Por qué envió adanes?
- Los edenes de Dios son Su deleite
- El proceso de la poda
- Los labradores de El Padre
- Las 2 acciones de los adanes
- La primera orden para el labrador
- Las acciones del jardinero
- La importancia etimológica de las palabras
- El tiempo y la poda
- La poda y la bendición
- Los desviadores de energía
- ¿Qué hacer para que fructifique tu alma?
- ¿Cuál es el propósito de la sanidad interior?

5 Capítulo

El ADN latente del victorioso

- Los latentes de Dios

- ¿Por qué se le llamó ADN basura?
- ¿Cuál es la aplicación espiritual de todo esto?
- Los podres endógenos: el ADN latente
- Los códigos de la reconstrucción
- Lo latente de las derrotas
- Cristo se activa el ADN latente
- Los activadores del ADN latente
- El ADN latente del más que vencedor
- Diagrama de reparación del ADN
- Yugo desigual: emparejamiento erróneo
- El gen de la resistencia
- Los resistentes son los más que vencedores
- La capacidad de levantarse

6 Capítulo

El ADN Con Los Pensamientos Generacionales

- El blueprint de la identidad de la mente
- Las 3 dimensiones de la mente
- El conflicto de la identidad mental
- Los pensamientos de Dios y Su

- identidad
- El YO SOY es YWVH
- Los 7 pseudo yo soy
- Los pensamientos forman quién eres
- El blueprint mental y la propia identidad
- Ejemplo de una herencia ancestral
- ADN en los pensamientos
- Los factores del yo perfecto o verdadero
- Factores del yo interior

INTRODUCCIÓN

Alguien podría pensar que, todo el plan que Dios ha tenido para Su creación, fue estropeado por las tinieblas, principalmente cuando se ha escuchado decir que Satanás, antes de haber levantado la rebelión luciferina, era un querubín cubridor como lo enseña **Ezequiel 28:14** (**RV1909**) y por todo lo que se describe de este ser, se ha dicho que era cubridor de los secretos de Dios, razón por la cual lo que él hiciera, estaba antepuesto a los planes de Dios, estorbaría el desarrollo de todo lo que Él había planificado con Su creación, por la cual el primer Adán perdió la dirección de cómo desarrollarse como el labrador del jardín del Edén.

En ese momento, a causa de la desobediencia que hubo en ese primer huerto, y en base a recientes estudios científicos que han realizado, se ha logrado determinar que dentro del ADN, hubo una parte que estaba programada para que el cuerpo humano se regenerara de cualquier situación que padeciera, al punto que incluso gente con enfermedades terminales, tendrían ese potencial que se perdió en el momento de la desobediencia. Recuerda que existe el régimen de derechos espirituales que Dios, siendo perfecto y sabio en todo momento, sabía cuál sería el desenlace de lo que sucedería en el huerto y es entonces cuando puedes ver que toda causa tiene un efecto.

De aquí puedo decir que al obedecerle a Dios, tienes muchas bendiciones y al desobedecerle consecuencias lamentables, de hecho esto mismo es lo que dice **Deuteronomio capítulo 28**, en sus primeros 14 versículos encuentras las bendiciones consecuencia de la obediencia y a partir del versículo 15 las consecuencias de la desobediencia. Para el momento en que Adán desobedece, se pierde la capacidad de regeneración de sus genes y entra en el proceso de muerte.

Posteriormente puedes ver que hay otros adanes que retoman lo que el anterior perdió pero, sin éxito alguno hasta que llegó el postrer Adán, el Señor Jesucristo, enviado bajo un perfecto plan de salvación, vino a salvar lo que se había perdido y quedan marcados entonces los 2 únicos caminos al hombre: **vida o muerte**, dependiendo de la línea que decida seguir, la línea de una vida humanista y razonadora llena de falsos argumentos y llenos de tinieblas, o la línea de vida eterna que brinda el Señor Jesucristo bajo la ley de la libertad.

Aunado a esto debes saber también que, según la ciencia, hasta hace poco, se consideraban algunos órganos como miembros sin uso, como que Dios los había puesto en el cuerpo sin función alguna para beneficiar al humano, por ejemplo: el apéndice, incluso dentro de la dentadura se han catalogado 4 muelas llamadas del juicio porque no les habían encontrado razón de ser, pero hoy día todo eso ha cambiado gracias a que Dios está permitiendo el cumplimiento de Su palabra profética escrita en la Biblia, me refiero específicamente cuando dice en **Daniel 12:4** que en el final de los tiempos la ciencia aumentaría.

A este respecto, debes saber que, así como se creía que el apéndice era un órgano sin uso y que lejos de eso era mejor extirparlo antes que causara problemas que podrían llevar al borde de la muerte a una persona; de igual forma y científicamente hablando, del 100% del ADN del ser humano, se determinó que solamente el 1.5%

era de beneficio y el 98.5% había sido considerado como ADN basura, lo cual parecería incongruente por cuanto Dios, siendo perfecto, no haría un ser con mayor porcentaje de su base como basura.

De tal manera que recientemente un grupo de científicos dedicados al estudio del genoma humano, descubrieron que aquello que se había considerado como ADN basura, estaba en una forma de paralelismo o similitud a determinada escritura. Lo asombroso fue que descubrieron no solamente letras, sino palabras, frases que están escritas en la Biblia, me refiero a que dentro de ti hay un mensaje codificado en arameo antiguo y cuando profundizaron en su estudio, llegaron a la conclusión que es ahí donde están los genes que pueden regenerar las células de enfermedades terminales.

Los estudios han avanzado sorprendentemente porque incluso, ahora hay respuesta para situaciones que vive la gente y que no se tenía el por qué surgían enfermedades en personas que, ni ellos ni sus padres habían hecho algo para que en su familia estuvieran enfermos de situaciones inexplicables. De aquí entonces surge la explicación científica de las herencias ancestrales, pero no solamente genéticas, sino más bien epigenéticas que pueden venir de familiares que nadie conoció, ni siquiera fueron mencionados nunca por los más antiguos que se haya conocido. Me refiero a que en una línea ancestral de 42 personas, alguien pudo haber cometido una falta, un pecado, un delito o lo que se quiera considerar como algo erróneo y eso llegó a alterar el ADN, incluso en el área de los pensamientos.

El problema es que, un familiar en una línea ancestral de 42 personas, difícilmente se pudo tener datos de lo que pudo haber hecho o lo pudo haber sido; más profundo aún, detrás de esas 42 personas, hay otras 42 que pudieron haber hecho algo que alteró sus genes; el enemigo hizo dormir determinado gen pero ya alterado, y fue activado en el preciso momento de tu nacimiento. Por supuesto que aquí estoy obviando el trabajo satánico que pueda estar llevando un espíritu generacional y que hoy, sabiendo que tú eres un hijo de Dios, siervo Suyo que vienes a transformar toda esa línea generacional; las tinieblas están más que dispuestas a estorbarte despertando todos los posibles genes trastocados que puedan colaborar en estorbarte en el desarrollo de tu vida; pero hay una solución.

Este libro está escrito bajo la dirección del Espíritu Santo, con el propósito que, no desaproveches ni una sola oportunidad de ser liberado, restaurado en todas las áreas de tu vida sabiendo que primero eres espíritu y después cuerpo físico, de tal manera que lo espiritual repercute en lo material y que si estás siendo blanco de un espíritu de las tinieblas, puedas desenmascarar el trabajo satánico y con el poder del Señor Jesucristo, el Padre te conceda una total libertad y tu capacitación para ser guerrero espiritual no se detenga, sino que sigas avanzando en pos de alcanzar la imagen del Señor Jesucristo dentro de ti.

Apóstol Mario Rivera.

I niciaré describiendo la cita base para el desarrollo de lo que empezarás a aprender a lo largo de este libro, en relación a la vida y el derecho que Dios te ha concedido con Su sangre: recobrar el derecho de la vida eterna, pasar de una herencia corruptible a una incorruptible; me refiero al hecho de dejar finalmente la herencia ancestral de una involución desde el inicio de tu vida, por la herencia de vida eterna, la cual te llevará a la evolución con la que fue creado el primer Adán, retomar el plan original de lo que debía ser el hombre:

1 Corintios 15:45-51 (R95) Así también está escrito: "Fue hecho el primer hombre, **Adán, alma viviente**"; **el postrer Adán, espíritu que da vida.** [46] Pero lo espiritual no es primero, sino lo animal; luego lo espiritual. [47] El primer hombre es de la tierra, terrenal; el segundo hombre, que es el Señor, es del cielo. [48] Conforme al terrenal, así serán los terrenales; y conforme al celestial, así serán los celestiales. [49] Y así como hemos traído la imagen del terrenal, traeremos también la imagen del celestial. [50] Pero esto digo, hermanos: que **la carne y la sangre** no pueden heredar el reino de Dios, ni la corrupción hereda la incorrupción. [51] Os digo un misterio: **No todos moriremos**; pero todos seremos transformados…

Antes de empezar con el desarrollo de este estudio, considero necesario hacer hincapié en que, después de todo lo que has aprendido a lo largo del equipamiento para llegar a ser un guerrero espiritual, bajo la instrucción del Espíritu Santo; solamente puedo recordarte que realmente estar en Cristo es una total y verdadera experiencia divina, una relación íntima con Dios fuera de todo concepto y criterio humanista donde a través de los años, lo que han pretendido es encuadrar esa relación en un marco llamado religión para desvirtuar la poderosa verdad del Señor Jesucristo, el único camino que puede llevar al hombre de regreso al Padre y tener entonces esa comunicación divina, esa comunión de Padre e hijo que un día se perdió a causa del pecado.

El Decline de La Línea de Adam

De ahí entonces que el ser humano solamente tiene **2 opciones para poder vivir**:

1.- Vivir declinando en la línea del primer Adán.

En la Biblia encontrarás que en la línea del primer Adán todos mueren.

2.- Vivir en la línea de vida eterna del postrer Adán.

No hay otra opción después de esa oportunidad y es por eso que surge la necesidad de compartirte lo que vas a aprender a partir de este capítulo; es sumamente profundo para que tu fe sea fortalecida y aumente a través de la luz de la palabra de Dios, de Su revelación, de la sana doctrina que es necesaria para tu diario vivir bajo la perspectiva de la formación de todo guerrero espiritual.

Por eso en el linaje del postrer Adán, el Señor Jesucristo, todos vivimos, pero aunque eso parezca muy sencillo de escribir y leer o pronunciar, en realidad son palabras mayores que conllevan una gran profundidad y que es necesario que el Espíritu Santo te enseñe para que logres asimilar, porque no es por intelecto humano que lo aprenderás, sino por una operación divina que solamente Dios puede operar en ti si te dispones a aprender, porque también debes saber que El te enseña, pero también debes tener interés en aprender.

Es como el momento cuando cae la lluvia, si no hay un recipiente donde recibirla, sencillamente caerá a tierra y seguirá corriendo por todos lados sin que haya un propósito definido; pero si el propósito de recibirla es en un lugar apropiado, se alcanzarán beneficios maravillosos. Lo mismo es el conocimiento de la revelación de la palabra de Dios, es necesario que te dispongas a que El opere en tu vida, a manera que seas un odre nuevo que sea capaz de retener las bendiciones que Dios ha preparado para que aprendas y pongas por obra.

1 Corintios 15:22 (LBA) Porque así como en Adán todos mueren, también en Cristo todos serán vivificados.

Este es un versículo en el que muchos encontrarán la tragedia, pero tú no eres de los muchos, sino de los escogidos, de los que tienen la esperanza de que muy pronto estarán cara a cara con el Señor Jesucristo en Su tribunal recibiendo la certificación que fueron debidamente preparados, no solamente como guerreros espirituales, sino que, por sobre todas las cosas, pudiste alcanzar la santidad, el requisito que dice la Biblia que es indispensable para verlo, pero entonces esto depende en la línea en la que vivas.

LA INTENCIÓN ORIGINAL DE DIOS

Cuando analizas el principio de la creación, puedes ver que el propósito de Dios era que el hombre viviera física y eternamente pero sin pecado, para lo cual hubo decretos y mandamientos que debía cumplir; por consiguiente, la intención de Dios era que el hombre no muriera jamás como lo puedes ver en este versículo:

Ezequiel 18:32 (LBA) Pues yo no me complazco en la muerte de nadie...

LOS ESTUDIOS CIENTÍFICOS

Los científicos, que por mucho tiempo han estudiado el cuerpo humano; en los últimos años, especialmente desde el año 1970 hasta hoy día, han descubierto y llegado a una misma conclusión respecto al cuerpo humano:

- ✓ Tiene la habilidad de reconstruirse por sí solo.

- ✓ Sin embargo dicen los expertos que algo pasó en los códigos genéticos, es decir algo contrario a esa habilidad de reconstruirse por sí solo y cuando hay un deterioro o daño, no se reconstruye, sino que empieza una destrucción.

- ✓ Puedo decir entonces que lejos de reconstruirse por sí mismo, cambio su forma de evolución a involución.

✓ Es decir que al nacer comienza ese curso de involución: nace, crece, madura, envejece y muere.

Según los científicos, la muerte física es un problema que se encuentra en algún lugar de los genes humanos y que en determinado momento fueron reprogramados o desprogramados de su origen, diría que fue un trastoque genético donde las tinieblas tuvieron el principal protagonismo.

LA INTERRUPCIÓN DE LA VIDA

El estudio de los genes no es un tema nuevo, aunque en los últimos tiempos han podido avanzar mucho más rápido porque es parte del cumplimiento de la palabra de Dios cuando dice que en el final de los tiempos la ciencia aumentaría; de tal manera entonces que según ellos, los científicos, en algún lugar de los genes humanos se encuentra información de **decadencia y vejes** que no debería estar allí; dicen que algo sucedió, hubo una interrupción en la habilidad de reconstrucción que el cuerpo estaba supuesto a tener.

¿Cuál es tu opinión a este respecto?

Si ya tuviste la oportunidad de estudiar el libro que Dios me permitió escribir, titulado **LOS**

ANCESTROS y que también, recientemente me permitió traducirlo al idioma inglés para que el pueblo anglosajón tenga la oportunidad de esa bendición; si ya lo leíste, entonces tienes una mayor perspectiva a todo esto; sin embargo continuaré con lo que deseo enseñarte diciéndote que hay información de todo esto en la Biblia:

Está descrito en Génesis

Génesis 2:17 (LBA) ...pero del árbol del conocimiento del bien y del mal no comerás, porque el día que de él comas, ciertamente morirás.

Adán sabía, tenía el conocimiento respecto a la vida, era consciente de lo que sucedería si caía en desobediencia a Dios.

Génesis 3:1-4 (R95) La serpiente era más astuta que todos los animales del campo que Jehová Dios había hecho, y dijo a la mujer: -- ¿Conque Dios os ha dicho: "No comáis de ningún árbol del huerto"? [2] La mujer respondió a la serpiente: -- Del fruto de los árboles del huerto podemos comer,[3] pero del fruto del árbol que está en medio del huerto dijo Dios: "No comeréis de él, ni lo tocaréis, para que no muráis". [4] Entonces la serpiente dijo a la mujer: -- **No moriréis.**

Sin embargo, desde ese momento el hombre no ha podido detener la muerte bajo la perspectiva de estado, no me refiero al personaje llamado muerte, sino al estado en que pasa el hombre, de vida a muerte.

Recuerda que existe el **Régimen Jurídico de Los Derechos Espirituales (título con el que identifiqué otro de los libros que Dios me permitió escribir)**, Dios mismo decreta que, si le obedeces, te harás acreedor a Sus bendiciones y si lo desobedeces, simplemente te harás acreedor a una serie de situaciones contrarias a ti. De hecho el libro de **Deuteronomio 28:1-14** se describen claramente cuales son las consecuencias de la obediencia y en **Deuteronomio 28:15** en adelante las consecuencias de la desobediencia; con esto puedes ver entonces que toda causa tiene un efecto aún en el mundo de los espíritus.

Digo esto porque en la desobediencia de Adán hubo consecuencias, ¿cuáles fueron esas consecuencias?, una metamorfosis involutiva de los códigos genéticos lo cual hizo que el hombre quedara incapacitado por sí solo de reconstruir lo que entrara en decadencia en su vida.

La Promesa de La Resurrección

Otra prueba de que el cuerpo estaba supuesto a vivir eternamente, es la **resurrección**; nota que esa palabra lleva un prefijo: **RE**.

RE-SURRECCION

- ✓ En las palabras donde aparece el pre-fijo **RE**, según la gramática, le cambia el significado, porque entonces lleva implícito el programa de regresar a su estado original.
- ✓ En definición el prefijo **RE**, significa volver de nuevo a la posición original; eso significa volver a la vida, pero en términos técnicos significa Recuperar o Recuperación de la vida inmortal que tuvo Adán.
- ✓ La promesa de resurrección es sobre el mismo cuerpo que volverá a la vida para ser inmortal.

LA PALABRA IN-MORTAL

Esta palabra permite ver lo siguiente:

1. La palabra **IN** es igual a **NO** y/o sin **MUERTE**
2. La palabra **MORTAL** es igual a **CARNE**.

En resumen, lo que está diciendo esto es que el cuerpo no volverá a morir una vez haya experimentado ese estado; o sea, si alguien muere y llega el momento en que Dios lo resucita para vida eterna, pasará a ser inmortal; lo mismo será quien esté vivo para el momento del arrebatamiento, pasará de vida a vida eterna, puedo decir que es el nivel del cuerpo que tenía Adán antes de pecar, solamente que para él en ese momento había una condicionante en la cual se vio afectado y fue la razón por la cual sus genes cambiaron su función original, el código genético, los cromosomas, sufrieron algo que les cambió la información.

LA FUENTE DE LA VIDA

Por eso es que a través de los tiempos, la humanidad ha buscado la forma de encontrar como cambiar esa información, así como el enemigo pudo encontrar la forma de trastocar la genética a manera de que involucione; así también la humanidad ha buscado lo que han llamado la fuente de la vida:

- ✓ Es como descubrir imaginariamente la llave que detenga el proceso de envejecimiento en el ser humano.

- ✓ Es decir que el hombre ha buscado algo que congele el gen que hace involucionar al cuerpo.

LO QUE SABÍA ADÁN

Cuando Adán supo que su genética comenzó a funcionar diferente a consecuencia del pecado, por desobedecer a Dios; entonces quiso tomar de la fuente de la vida para congelar el gen que había entrado en acción, pero Dios se lo impidió para que no fuera inmortalizado el pecado en el hombre.

Génesis 3:22 (LBA) Entonces el SEÑOR Dios dijo: He aquí, el hombre ha venido a ser como uno de nosotros, conociendo el bien y el mal; cuidado ahora no vaya a extender su mano y tomar también del árbol de la vida, y coma y viva para siempre.

Génesis 3:24 (LBA) Expulsó, pues, al hombre; y al oriente del huerto del Edén puso querubines, y una espada encendida que giraba en todas direcciones, para guardar el camino del árbol de la vida.

¿Quién crees que es ese árbol de la vida?, el Señor Jesucristo.

Apocalipsis 22:2 (LBA) ...en medio de la calle de la ciudad. Y a cada lado del río estaba el árbol de la vida, que produce doce *clases de* fruto, dando su fruto cada mes; y las hojas del árbol *eran* para sanidad de las naciones.

> ✓ Por eso hoy puedes saber que la verdadera y única fuente de vida es el Señor Jesucristo.

Juan 3:15-16 (LBA) ...para que todo aquel que en él cree no se pierda, sino que tenga vida eterna. **16** "De tal manera amó Dios al mundo, que ha dado a su Hijo unigénito, para que todo aquel que en él cree no se pierda, sino que tenga vida eterna.

Juan 3:36 (LBA) El que cree en el Hijo tiene vida eterna; pero el que no obedece al Hijo no verá la vida, sino que la ira de Dios permanece sobre él.

Juan 4:14 (LBA) ...pero el que beba del agua que yo le daré, no tendrá sed jamás, sino que el agua que yo le daré se convertirá en él en una fuente de agua que brota para vida eterna.

SÓLO HAY 2 CLASES DE ADANES

Doctrinalmente y escudriñando las escrituras, en algún momento has escuchado que hubo 7 Adanes, de los cuales se clasifican en 2 grupos:

> ✓ **El Adán terrenal**
> ✓ **El Adán celestial**

Otro punto interesante es que cuando investigas en los diferentes diccionarios que ayudan al estudio de lo que verdaderamente significan las palabras que fueron traducidas del idioma hebreo, puedes ver que cuando hay palabras que tienen terminación con "M", es porque están plural, existen más de una. Partiendo de esto puedo ver lo siguiente:

- ✓ Estos 2 grupos de Adanes son portadores de 2 clases de genes o genética.

- ✓ Uno es portador y transmite el gen de la muerte.

- ✓ El otro es portador y transmite el de la no-muerte, el de la vida eterna.

1 Corintios 15:45-51 (LBA) Así también está escrito: "Fue hecho el primer hombre, Adán, alma viviente"; el postrer Adán, espíritu que da vida. **46** Pero lo espiritual no es primero, sino lo animal; luego lo espiritual. **47** El primer hombre es de la tierra, terrenal; el segundo hombre, que es el Señor, es del cielo. **48** Conforme al terrenal, así serán los terrenales; y conforme al celestial, así serán los celestiales. **49** Y así como hemos traído la imagen del terrenal, traeremos también la imagen del celestial. **50** Pero esto digo, hermanos: que la carne y la sangre no pueden heredar el reino de Dios, ni la corrupción hereda la incorrupción. **51**

Os digo un misterio: No todos moriremos; pero todos seremos transformados,

El punto es que de estas 2 líneas genéticas está dividida la humanidad y de ellas hay 2 clases de personas en la Tierra.

- ✓ Preguntar en cuál vives, sería un poco drástica la pregunta, pero tendrías que combinarla con la realidad, es decir, demostrar en la clase de línea en que vives.

- ✓ ¿Cómo demuestras que no estás en la línea del decline? Diciendo solamente que estás en Cristo no basta, sino que, es necesario el no practicar el pecado; es necesario que haya en ti el fuerte deseo de ser imitador de Cristo, como decía el Apóstol Pablo: imítenme a mí en lo que yo imito a Cristo... eso significa que puede haber siervos de Dios imitadores de Cristo aunque de pronto tengan actitudes que no lo sean, por eso es necesario poder discernir cuando algo es de Cristo y cuando no lo es, por eso es necesario estar en constante comunión con Dios a través de la oración, la lectura y estudio de la Biblia.

LA LÍNEA DEL PRIMER ADÁN

En la genética del primer Adán todos mueren por el gen y por causa del pecado.

1 Corintios 15:22 (LBA) Porque así como en Adán todos mueren, también en Cristo todos serán vivificados.

En la genética del postrer Adán, o sea, en Jesús, eres vivificado.

VIVIFICADOS: #2227 ZOOPO-IEO significa: Vivir joven, vida incrementada, Vitalizado.

- ✓ En la línea de Cristo es la que más vivirás, al punto en que, según el Apóstol Pablo, algunos no morirás, refiriéndome a que si en estos días suena el shofar anunciando que el tiempo se ha cumplido y que el arrebatamiento llegó, no habrás visto muerte.

- ✓ Eso significa que, si estás en Cristo, estás supuesto a que se **REPROGRAME** ese gen y se **RECONSTRUYA** lo que está en decadencia en ti. Hoy por hoy, solamente por mencionar una parte del cuerpo, la piel cambia cada 7 días y las células que son creadas desde la fabrica llamada huesos.

Salmo 32:3 (R60) Mientras callé, se envejecieron mis huesos En mi gemir todo el día.

- ✓ Por eso el salmista decía que sus huesos se habían secado y al estar secos ya no fabrican células, lo cual denota cáncer u otras enfermedades terminales.

- ✓ Por otro lado el Apóstol Pablo hablaba de una Iglesia sin síntomas de involución.

Efesios 5:27 (LBA) ...a fin de presentársela a sí mismo, una iglesia en toda su gloria, sin que tenga **mancha ni arruga** ni cosa semejante, sino que fuera santa e inmaculada.

1. **MANCHA:** causada por enfermedades.
2. **ARRUGA:** evidencia de vejes o decadencia.

- ➤ Además la promesa viene por Cristo, promesa de una descendencia de largos años.

Isaías 53:10 (LBA) Pero quiso el SEÑOR quebrantarle, sometiéndo*le* a padecimiento. Cuando Él se entregue a sí mismo *como* ofrenda de expiación, verá a *su* descendencia, prolongará *sus* días, y la voluntad del SEÑOR en su mano prosperará.

➢ En este verso está hablando de una descendencia con sus días prolongados.

➢ Pero para poder vivir sin ser afectados por la línea del primer Adán, debes vivir sin activar el gen de la línea que declina.

➢ Eso es vivir sin permitir que el pecado se enseñoree en ti, vivir venciendo las tentaciones y el pecado todos los días, eso es mantener congelado el gen que interrumpe la vida sin involución, es decir sin muerte.

1 Corintios 15:51 (R95) Os digo un misterio: No todos moriremos; pero todos seremos transformados…

LAS 6 FASES DE TENTACION DE LA LINEA DE ADÁN

1 Corintios 15:22 (R60) Porque así como en Adán todos mueren, también en Cristo todos serán vivificados.

Romanos 5:12 (LBA) Por tanto, tal como el pecado entró en el mundo por un hombre, y la muerte por el pecado, así también la muerte se extendió a todos los hombres, porque todos pecaron…

Romanos 6:23 (LBA) Porque la paga del pecado es muerte, pero la dádiva de Dios es vida eterna en Cristo Jesús Señor nuestro.

De lo que ya describí, puedo decir que has aprendido entonces que en el primer Adán hay ministración de muerte, lo cual está en los códigos genéticos, según la ciencia médica y según la Biblia, y que en el postrer Adán hay ministración de vida.

En resumen, si quieres vivir sin ser afectados por la línea de muerte, debes vivir sin pecar o sin caer en rebelión, lo cual se consigue viviendo en una constante búsqueda de la presencia de Dios.

Significa la forma en la que se explica el descenso de la línea del primer Adán hasta llegar a la muerte. Según el diccionario de la Real Academia Española, decline significa:

1. Principio de debilidad o de ruina.
2. Caída, descenso o declive.
3. Decadencia o menoscabo.
4. Decaer, menguar, ir perdiendo en salud, inteligencia, riqueza.

En definición, es ir cambiando de naturaleza o costumbres, hasta tocar en extremo contrario.

La Introducción De La Muerte

Antes de la caída del hombre, la muerte no tenía participación activa en la Tierra, aunque se ha enseñado que la muerte es una entidad muy antigua que sufrió una involución parecida a la de Luzbel, quien vino a ser Satanás; pero la muerte no tenía participación en la creación humana, por consiguiente Adán no conocía qué era la muerte.

De alguna forma puede decir que aquí en donde entra en escena **El Régimen Jurídico de Los Derechos Espirituales** porque partiendo de que el hombre desobedece a una orden directa de parte de Dios, automáticamente abre la puerta en el huerto para que entre la muerte; se active ese proceso involutivo en que lleva a la creación, a que finalmente muera.

No estoy diciendo que en el huerto del Edén esté la muerte o que ahí haya muerte, sino que el proceso que finalmente termina en muerte, se activa jurídicamente ante la desobediencia a Dios. Por eso, aunque Adán estaba en el huerto del Edén, Dios permite lo que le sucedió a Adán, primero porque era a lo que se había hecho acreedor, así como advertencia de lo que sucede al momento de desobedecer a Dios. Obviamente que la perspectiva jurídica divina es sumamente amplia y habría mucho que explicar en este momento y realmente no ese el propósito porque para tal efecto Dios me permitió escribir el libro titulado: **EL RÉGIMEN JURÍDICO DE LOS DERECHOS ESPIRITUALES** como ya lo mencioné también.

Génesis 2:17 (LBA) ...pero del árbol del conocimiento del bien y del mal no comerás, porque el día que de él comas, ciertamente morirás.

En cuanto a Adán se refiere, ese fue el detonante, aunque quizá fue solamente uno, pero fue suficiente para que perdiera todo lo que tenía en el huerto, exceptuando a Eva. Ese es un misterio que habría que explicar ampliamente en otro libro con un matiz propiamente del matrimonio.

LA LÍNEA DE ADÁN Y EVA

Aunque bíblicamente no se dice literalmente que en Adán y Eva todos mueren, verás de qué manera ella, siendo la madre de todos los vivientes, transfiere la línea de muerte:

Génesis 3:20 (LBA) Y el hombre le puso por nombre Eva a su mujer, porque ella era la madre de todos los vivientes.

✓ *Científicos de la Universidad de Bristol (Inglaterra), fotografiaron los cromosomas y descubrieron su forma de cruces. Parecería que Dios ha producido la muestra de la cruz en los paquetes más pequeños del ADN en el hombre.*

✓ *Dos científicos de Berkeley: Vincent Sarich y Allan Wilson, han descubierto que cada persona en la Tierra vino de la misma madre. Esto por la célula humana llamada* **DNA mitocondria**.

✓ *Su investigación los condujo a un material genético en la célula humana llamada* **DNA mitocondrias**. *Estas son barras como las estructuras que residen fuera del núcleo, y son responsables de proveer la energía que conduce a las varias actividades de la célula.*

✓ *Generalmente el ADN dentro del núcleo se compone de un material genético combinado de un padre y una*

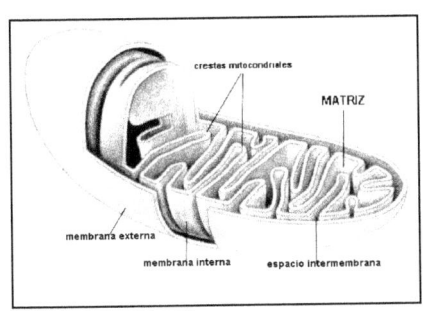

madre, por lo tanto, cambia en cada generación. Sin embargo, el **ADN mitocondria** *se hereda* *solamente de su madre y no cambia. Su hallazgo prueba, a partir de ahí, que todos venimos de una misma madre, Eva, original de la madre de madres de los vivientes.*

Una característica peculiar de las mitocondrias es que son de origen materno, ya que sólo el óvulo aporta las mitocondrias a la célula original, y como la mitocondria posee ADN, puedo decir que esta información va pasando a las generaciones exclusivamente a través de las mujeres.

¿QUE ES LA MUERTE?

La muerte no estaba supuesta a afectar a Adán, si él obedecía a Dios. Recuerda que ya plantee acerca de la información de muerte en los genes.

Ese castigo de **MORIRÁS** no fue inmediato, sino un proceso que termina con la muerte física.

- ✓ **Primero la mega muerte**: esta consiste en la ausencia y/o abandono del Espíritu de Dios.

    Esta es considerada la muerte espiritual, la ruptura de la conexión del Espíritu de Dios y el espíritu del hombre.

- ✓ **Segundo la híper muerte**: esta es la separación de la presencia de Dios que se realizó con la expulsión del huerto del Edén.

El hombre tenía que ser expulsado para que no contaminara el ambiente con él género de muerte que entró en su vida a consecuencia de su desobediencia.

EL EDÉN

Esta palabra según las definiciones hebreas, significa lo siguiente:

- ➢ Espacio, momento, delicia, lugar de deleite o placentero.
- ➢ Presencia, puerta o puerta abierta.

En una paráfrasis sería:

El espacio del momento donde la presencia de Dios abre la puerta a la dimensión de los cielos.

- ✓ **Tercero la muerte física**: esta es la separación entre el espíritu humano y el cuerpo, es la terminación de la existencia física.

Génesis 5:5 (LBA) El total de los días que Adán vivió fue de novecientos treinta años, y murió.

Pero para llegar hasta esta culminación, se atraviesa por todo un proceso, recuerda que la intención original de Dios era que el hombre no muriera jamás.

Por eso, en términos bíblicos se dice que es el hombre quien da vía a la muerte.

Santiago 1:13 (LBA) Cuando alguno es tentado, no diga que es tentado de parte de Dios; porque Dios no puede ser tentado por el mal, ni él tienta a nadie; 14 sino que cada uno es tentado, cuando de su propia concupiscencia es atraído y seducido. 15 Entonces la concupiscencia, después que ha concebido, da a luz el pecado; y el pecado, siendo consumado, da a luz la muerte.

- ✓ Ahora observa el proceso de dar a luz la muerte en los primeros humanos en la Tierra.

- ✓ El proceso de la tentación basado en Génesis 3.

- ✓ La tentación viene de la palabra hebrea, decepción la cual significa, la prueba por la debilidad.

El Proceso de La Tentación y El Decline

Las fases de la tentación en la línea de adán

Génesis 3:6 (LBA) Y vio[1] la mujer que el árbol era **bueno**[2] para comer, **y que era agradable**[3] a los ojos, y árbol codiciable para alcanzar la sabiduría; y **tomó**[4] de su fruto, y **comió**[5]; y **dio también a su marido**[6], el cual comió así como ella.

1) **Lo mira:** lo examina con sus ojos.
2) **Lo aprueba:** imagina un placer y razona que se lo merece.
3) **Lo desea:** fortalece la idea y se ubica en zona peligrosa.
4) **Lo toca:** esta envuelta en la experiencia de la sensación.
5) **Lo come:** lo prueba y entra el pecado al sistema del hombre.
6) **Lo comparte:** el pecador busca a otro para no hacerlo solo, busca compañía para compartir la culpa y la contaminación.

Las fases del decline en la línea de adán

Como pudiste notarlo, ya te expuse las 6 fases de la tentación según Génesis capítulo 3, en la línea de Adán y Eva, ahora corresponde ver los 7 puntos que marcan el decline del primer Adán y el impacto psicológico y espiritual del pecado en sus descendientes que, como ya lo señalé, encuentras en la sumatoria de ambos, el número 13, o sea, entre la tentación que lleva a declinar hay una fuerte influencia de rebelión.

Observa entonces que el impacto del pecado afectó a todos, de tal manera que es necesario estar compenetrados en vivir sin pecar para no ser afectados por el código de muerte.

Hebreos 12:4 (RVA) Pues todavía no habéis resistido hasta la sangre combatiendo contra el pecado.

> 1) **Cubrirse solo**: crea para sí mismo algo que cubre su falta, una mentira cubre otra mentira.
>
> 2) **Tuvo miedo**: no existía en el Edén, ahora el hombre conoce el miedo y se esconde.
>
> 3) **Se esconde**: el impacto del pecado es tan fuerte que se deprime.

4) Cae en disposición: cambia su posición, interrumpe su relación con Dios.

- ✓ La pregunta ¿dónde estas?, no era para localizar a Adán, sino para hacerle ver que ya no estaba en la posición correcta, la pregunta era para que notara lo que había hecho.
- ✓ Esto es lo que significa **injusto** = que no está correctamente ubicado en una justa posición o correcta.
- ✓ Cuando Dios y el hombre están en posición correcta se llama **unión común y/o común unión = comunión.**

5) Consciente: ...me escondí porque estoy desnudo, Dios dijo: ¿quién te dijo que estás desnudo?

- ✓ Era consciente que antes no lo estaba. Cuando alguien peca, él o ella se dicen internamente que están mal.

6) Culpa a otros: la mujer que mediste, en ese momento Adán está transfiriendo la responsabilidad a otro.

- ✓ El pecado hace irresponsable a la persona por conducta.

- ✓ El pecador tratará de hacer responsables a otros de su conducta.
- ✓ Esto es como aquellos que demandan a las compañías de cigarros por el cáncer en sus pulmones o garganta o a los restaurantes culpándolos por la obesidad, etc.

Lo Contrario a la irresponsabilidad es madurez

- ✓ Una persona es madura cuando acepta sus responsabilidades.
- ✓ Responsabilidad de su conducta y comportamiento.
- ✓ Madurez implica también ser **honesto**.
- ✓ Cuando Adán trató de explicar por qué lo hizo, cometió otra maldad, esto sucede cuando alguien trata de explicar por qué hizo lo incorrecto, el pecado, lo malo, etc., se está justificando y está diciendo que lo volverá a hacer si se presenta otra vez la misma ocasión, nunca explica por qué hizo lo malo.
- ✓ La madurez implica arrepentimiento, pide disculpas y no lo vuelve a hacer, se esfuerza en alejarse de aquello que le causó o lo llevó a pecar.
- ✓ Alguien irresponsable es inconsciente, se dice así mismo que si le vuelve a pasar, lo volvería hacer porque la razón es muy fuerte

para él o ella sin importar la consecuencia. El que es maduro piensa en que lo que sufrió, le servirá para alejarse de cualquier cosa que lo pretenda llevar de regreso al pecado.

7) **Vergüenza**: la vergüenza que causa el pecado es que su propia estima ha sido afectada.

- ✓ Es decir que se produce un menor valor de sí mismo.
- ✓ Por eso algunos dicen que el pecado produce un impacto psicológico en las personas.
- ✓ La gente en ese estado se esconde porque el pecado lo avergüenza, se esconde de la familia, de quien sea.
- ✓ Ponen como excusa el trabajo, están muy ocupado, también se excusan diciendo: estoy enfermo, etc.
- ✓ Dos razones para esconderse y no venir a la Iglesia, una es porque está enferma la persona de verdad y la otra porque está en pecado y se esconde.

No cabe duda que la única forma de evitar esto es que cada uno de batalle hasta la sangre donde esta el código de muerte y no cederle nada al enemigo.

Hebreos 12:4 (RVA) Pues todavía no habéis resistido hasta la sangre combatiendo contra el pecado.

La Inteligencia de La Tentación

La tentación pretende exponer una área débil de la vida:

- ✓ La tentación está oculta hasta que se hace alguna confesión de algo.

- ✓ Cuando confiesas algo, puede ser bueno, sin embargo eso atrae la tentación. Por eso dice la Biblia respecto al hablar:

Santiago 1:19 (RVA) Sabed, mis amados hermanos: Todo hombre sea pronto para oír, **lento para hablar** y lento para la ira…

También por cualquier cosa que hables sin sabiduría puedes atraer al **tentador**; es decir que el **tentador** vendrá a probar tu confesión y sacar a luz la motivación de aquello.

En resumen, la confesión buena o mala atrae al **tentador** y tratará de exponer lo malo o débil de tu vida con relación a la confesión, por ejemplo:

Mateo 26:33-34 (LBA) Respondiendo Pedro, le dijo: Aunque todos se escandalicen de ti, yo nunca me escandalizaré. ³⁴ Jesús le dijo: De cierto te digo que esta noche, antes que el gallo cante, me negarás tres veces.

- ✓ En **Lucas 22:31**, Cristo explica que pondrían a prueba Su confesión.

Lucas 22:31-33 (LBA) Simón, Simón, mira que Satanás os ha reclamado para zarandearos como a trigo; ³² pero yo he rogado por ti, que tu fe no falte; y tú, una vez vuelto, confirma a tus hermanos. *(No lo puedo parar, porque tu hiciste la confesión solamente orare por ti Pedro)* ³³ Él le dijo: Señor, dispuesto estoy a ir contigo no sólo a la cárcel, sino también a la muerte. ³⁴ Y él le dijo: Pedro, te digo que el gallo no cantará hoy antes que tú niegues tres veces que me conoces.

- ✓ Y llega el momento de exponer la debilidad de su confesión.

- ✓ La palabra **pedido** o **reclamado** (términos jurídicos) es #1809 exalte-omai que significa: demandado para una prueba de la debilidad.

Mateo 26:69-75 (LBA) Pedro estaba sentado fuera en el patio; y se le acercó una criada, diciendo: Tú también estabas con Jesús el galileo. ⁷⁰ Mas él negó delante de todos, diciendo: No sé lo que dices. ⁷¹ Saliendo él a la puerta, le vio otra, y dijo a los que estaban allí: También éste estaba con Jesús el nazareno. ⁷² Pero él negó otra vez con juramento: No conozco al hombre. ⁷³ Un poco después, acercándose los que por allí estaban, dijeron a Pedro: Verdaderamente también tú eres de ellos, porque aun tu manera de hablar te descubre. ⁷⁴ Entonces él comenzó a maldecir, y a jurar: No conozco al hombre. Y en seguida cantó el gallo. ⁷⁵ Entonces Pedro se acordó de las palabras de Jesús, que le había dicho: Antes que cante el gallo, me negarás tres veces. Y saliendo fuera, lloró amargamente.

- ✓ Pero el que soporta la tentación, a ese le dan corona de vida, unción de vida, ministración de vida sobre su cabeza.
- ✓

- ✓ Vida que vence la intención de la muerte.

Santiago 1:12 (R60) Bienaventurado el varón que soporta la tentación; porque cuando haya resistido la prueba, recibirá la corona de vida, que Dios ha prometido a los que le aman.

TENTACION: #G3986 viene de #G3985 PEIRASMO= experiencia del mal, provocación o pruebas.

El diccionario **El Mundo** dice: tentación es un estímulo que induce a obrar mal, impulso repentino que excita a hacer una cosa.

LA TENTACION

- ➢ La tentación te introduce a problemas, te presiona hacer lo equivocado aunque sepas qué es lo correcto.

- ➢ La tentación te sugiere hacer lo incorrecto y esa información llega a través de una parte del cerebro, es decir de uno de los hemisferios.

- ➢ La tentación es la antesala del pecado, donde el enemigo intenta manipular tu mente.

El Contraste entre La Prueba y La Tentación

La prueba de Dios la tentación satánica

Dios prueba	Satanás tienta Mateo 4:1
Dios no tienta	Satanás es el tentador 1 Tes. 3:5
La prueba te aprueba Deuteronomio 8:2	La tentación es destrucción Juan 10:10
Dios te prueba y te deja gozo	La tentación deja sin gozo
La prueba construye el carácter	Causa rajadura que afecta el carácter
La prueba construye fe 1 Pedro 1:7	Destruye la fe
Dios prueba para terminar un punto	Satanás tienta para continuar Lucas 4:14
La prueba produce buen fruto	La tentación produce mal fruto

¿Por dónde llega la tentación a tu vida?

Los lados de la mente que participan como objetivo de la tentación, son cuando Satanás desea manipular con tentación y lo hace así:

1. Para atacar al hombre lo hace por el lado derecho de su hemisferio, porque el hombre es más inclinado al izquierdo.

Hemisferio izquierdo:

Lógica - Razonamiento - Matemática - Lenguaje - Lectura - Escritura - Pensamiento Lineal Atributos y habilidades - Pensamiento analítico, abstracción - Características cognitivas racionales - Riqueza en el vocabulario, buena gramática y sintaxis -

Capacidad de introspección, iniciativa, voluntad - Funciones especializadas como lectura, escritura, aritmética y habilidades motoras finas - En aspectos sicoanalíticos, calculador y consciente.

2. Para atacar a la mujer lo hace por el lado izquierdo de su hemisferio porque ella es más inclinada al lado derecho.

Hemisferio derecho:

Reconocimiento - Caras - Patrones - Ritmo - Visual - Imágenes - Atributos y habilidades - Pensamiento holístico - Características de creatividad - Funciones especializadas, como facilidad para la música, riqueza imaginaria, reconocimiento de rostros y gestos - Vive el aquí y el ahora - Delimita formas, fondos e imágenes – Discierne.

DERECHO: Este controla el lado izquierdo del cuerpo.

IZQUIERDO: Este controla el lado derecho del cuerpo.

Pasando por este proceso de la tentación expuesto en Génesis capítulo 3, luego se entra al decline de 7 fases de la línea del primer Adán, puedes notar entonces que los 6 puntos del proceso de la tentación + las 7 fases del decline del primer Adán, obtienes como resultado 13, número de rebelión.

El Aborto del Tesoro Oculto

Adán y Eva llevaron acabo el primer aborto en la historia de la humanidad.

Quiero utilizar él término aborto para referirme a la muerte del verdadero tesoro que todo hombre y mujer posen por dentro:

Romanos 5:12-14 Por tanto, tal como el pecado entró en el mundo por un hombre, y la muerte por el pecado, así también la muerte se extendió a todos los hombres, porque todos pecaron **13** pues antes de la ley había pecado en el mundo, pero el pecado no se imputa cuando no hay ley. **14** Sin embargo, la muerte reinó desde Adán hasta Moisés, aun sobre los que no habían pecado con una transgresión semejante a la de Adán, el cual es figura del que había de venir.

1. El aborto significa que definitivamente lo que se lleva por dentro ciertamente morirá.
2. El aborto significa que cesará de manifestarse el fruto que existe dentro.
3. Abortar significa terminar con una vida antes de que pueda llegar a alcanzar el

desarrollo pleno o de realizarse por completo como persona.
4. El aborto es sacrificar la responsabilidad y condenar el futuro de vidas.

EL PRIMER ABORTO

El primer aborto no se limita a la terminación física de un feto dentro del vientre de una madre, sino a la responsabilidad del curso de la humanidad que Adán y Eva llevaban sobre ellos.

Génesis 2:17 ...pero del árbol del conocimiento del bien y del mal no comerás, porque el día que de él comas, ciertamente morirás. (abortaras, darás a luz muerte).

1. En Adán se encontraba la semilla de todas las generaciones.
2. Cuando Adán abortó, lo hizo en responsabilidad y obligaciones que tenía con Dios (perdió su fruto).
3. Abortando su responsabilidad dio lugar a la muerte del futuro.
4. Cuando Adán quebranta el mandamiento de fructificar, abortó su semilla.

Esa semilla era el tesoro escondido, era lo que Dios había planeado que Adán llegara a ser.

EL TESORO ESCONDIDO ES LA GLORIA DE DIOS

La verdadera naturaleza del hombre era y es ser glorioso, así como Dios es glorioso.

Romanos 8:18-19 Pues considero que los sufrimientos de este tiempo presente no son dignos de ser comparados con la gloria que nos ha de ser revelada. ¹⁹ Porque el anhelo profundo de la creación es aguardar ansiosamente la revelación de los hijos de Dios.

1. Dios es creador – Sus hijos son creativos.
2. Dios es omnipresente – Sus hijos manifiestan la presencia de Dios en la Tierra.
3. Dios es omnisciente - Sus hijos poseen gran potencial inherente, etc.

2 Corintios 4:7 (LBA) Pero tenemos este tesoro en vasos de barro, para que la extraordinaria grandeza del poder sea de Dios y no de nosotros.

Dios ocultó dentro del hombre la habilidad de lo que debe llegar a ser, lo oculto como en una semilla.

LA TERMINOLOGÍA DE LA SEMILLA

Es muy interesante saber por qué Dios utilizó un lenguaje para tratar con el hombre y referirse a su responsabilidad y habilidad que El había puesto en su vida interior.

- ✓ Dios habla en términos de las semillas.

Génesis 1:12 (LBA) Y produjo la tierra vegetación: hierbas que dan semilla según su género, y árboles que dan fruto con su semilla en él, según su género. Y vio Dios que era bueno.

- ✓ De acuerdo a esto se puede ver la matemática de Dios.

    1. Uno = a varios.
    2. Poco = a mucho.
    3. Pequeño = a grande.
    4. Menos = a más.

Toda la creación tiene escondida en sí misma la matemática de Dios.

Por ejemplo:

a) Un niño y una niña llegan a ser un hombre y una mujer.

b) Un hombre y una mujer llegan a formar una familia.
c) Una familia llega a ser una nación.
d) En el reino animal, un pájaro llega a formar una bandada, una vaca a una manada.

Me basé en esta idea porque esa es la genética de la semilla, es decir, posee la habilidad de ser un árbol con fruto y semillas para más árboles, más frutos, más semillas hasta ser un enorme bosque.

SEMILLA

Zera #2233 significa semilla, simiente, prole, sementera, grano, linaje, semen.

Cada persona viene embarazada de la habilidad, talentos naturales y capacidades que Dios le depositó.

- ✓ Nadie viene vació, por dentro estás lleno de capacidad para ocuparte en lo que fuiste preordenado a que hicieras al llegar a la Tierra.

1 Corintios 15:37-38 ...y lo que siembras, no siembras el cuerpo que nacerá, sino grano desnudo, quizás de trigo o de alguna otra especie.

38 Pero Dios le da un cuerpo como Él quiso, y a cada semilla su propio cuerpo.

1. Eres como una semilla que guarda la facultad para producir un bosque, es decir, muchos árboles y frutos.

2. Dios trató a Su descendencia en términos de semilla para que comprendieras Su mente, es decir la genética de fructificación, multiplicación y de dominio.

3. Destruir una semilla es matar lo que produce, no cumplir con el mandamiento de fructificación es abortar lo que eres verdaderamente, o sea, la vida oculta en ti.

El Origen de La Irresponsabilidad

Fue en el huerto donde se desató el espíritu de irresponsabilidad, de tal manera que el hombre Adán, quien traía a todos los hombres en sus lomos, viola su liderazgo y afecta hasta nuestros días a la sociedad con la irresponsabilidad.

Génesis 3:12-13 Y el hombre respondió: La mujer que tú me diste por compañera me dio del árbol, y yo comí. **13** Entonces el SEÑOR Dios dijo a la mujer: ¿Qué es esto que has hecho? Y la mujer respondió: La serpiente me engañó, y yo comí.

✓ En esta fase, tanto el hombre como la mujer, trataron de evadir su responsabilidad delante de Dios buscando un responsable de su irresponsabilidad.

✓ De tal manera que nada es tan destructivo en la sociedad como la irresponsabilidad. (6,000 años más tarde el mundo es habitado por hombres con carácter de irresponsabilidad).

✓ El mundo está infectado por el espíritu de irresponsabilidad.

LA TRANSFERENCIA DE LA IRRESPONSABILIDAD

Cuando el hombre Adán comenzó a culpar a otros por su desobediencia, la irresponsabilidad entró al mundo.

Crónicas del huerto

Esto ayudará a entender que, la irresponsabilidad de tus actos, no se puede atribuir culpando a otros.

Génesis 3:6 (LBA) Cuando la mujer vio que el árbol era bueno para comer, y que era agradable a los ojos, y que el árbol era deseable para alcanzar sabiduría, tomó de su fruto y comió; y dio también a su marido que estaba con ella, y él comió.

1. Eva vio y tomó el fruto: Dios no le reclamó.
2. Eva comió del fruto: Dios no le reclamó.
3. Eva cometió el pecado: Dios no le reclamó.

- ✓ La Biblia dice que ella le dio el fruto a su esposo y cuando Adán comió, entró la muerte al hombre, vio su desnudes y se escondió.
- ✓ Dios lo confrontó y Adán contestó: la mujer que me distes... ¿recuerdas Dios que tú me la diste?
- ✓ Porque como tú me la distes... yo tomé lo que ella me dió.

De esa manera Adán transfería su responsabilidad a otra persona, convirtiéndose en una persona que culpa a otro de manera profesional.

EL SISTEMA DE CULPAR A OTROS

Desde ese tiempo el hombre culpa a otros de manera casi profesional, es decir negando tomar responsabilidad por sus acciones, decisiones, situaciones o circunstancias.

1. Los hijos culpan a sus padres de sus hábitos.

2. Los esposos se culpan entre ellos de sus fracasos.
3. La gente demanda restaurantes por el aumento de peso.
4. La gente dice: no voy a la Iglesia cristiana porque allí van muchos hipócritas.

De esa manera la irresponsabilidad libera grandes enemigos en contra de la libertad verdadera.

LA IRRESPONSABILIDAD HEREDADA

Comenzaré a dar la explicación de una manera amplia de lo que es la irresponsabilidad para llevarte al autoexamen de tu vida, y entonces no sea más afectado en la **libertad**, porque recuerda que ya dije que la **irresponsabilidad** es un enemigo mortal de la **libertad**.

#1 LA IRRESPONSABILIDAD Y EL MUNDO ESPIRITUAL

Irresponsable ante las autoridad, es lo que mucha gente en el mundo quiere; que nadie le diga nada:

1. No quiere que le digan qué hacer.
2. Ellos quiere hacer lo que sienten hacer solamente.

3. Es la falta del sentido de responsabilidad.

4. No responden a las consecuencias como debe ser.

El espíritu de irresponsabilidad hace que la gente viva de una manera inmunda, sin responsabilidad de sus actos y sin que nadie lo confronte.

#2 LA IRRESPONSABILIDAD Y LA CONCIENCIA

Irresponsabilidad significa también falta de conciencia, indispuesto a responder con conciencia.

1. Una persona irresponsable está poco dispuesta a responder.

2. Su conciencia no responde para poder distinguir entre lo justo y lo injusto, entre lo bueno y lo malo de una situación.

3. A medida que progresa la irresponsabilidad, la voz de la conciencia es progresivamente silenciada.

4. La conciencia es muerta por causa de la irresponsabilidad.

Una persona que vive así puede hacer cosas muy dolorosas para otras o para su propia familia, sin sentir ningún remordimiento.

#3 LA IRRESPONSABILIDAD PERSONIFICADA

Una persona irresponsable es experta en transferir su propia culpa a otras personas.

La transferencia puede ser por medio de **taras**, por **genética** o de manera irresponsable atribuye sus malas acciones a otros.

- ✓ Esa irresponsabilidad personificada se caracteriza por:

    1. Ser voluble y cambiable.

    2. Puede ser frívolo, impetuoso, independiente, inestable, haragán e inmoral.

    3. Es de carácter imprevisible, no real y no confiable.

De manera que para recuperar la libertad plena, Dios te hará pasar por una fase de tres etapas, a eso le llamaré las 3 etapas de la libertad.

La Línea de Eva
La Madre de Los Viviente

Génesis 3:7-13 (LBA) Entonces fueron abiertos los ojos de ambos, y conocieron que estaban desnudos; entonces cosieron hojas de higuera, y se hicieron delantales. [8] Y oyeron la voz de Jehová Dios que se paseaba en el huerto, al aire del día; y el hombre y su mujer se escondieron de la presencia de Jehová Dios entre los árboles del huerto. [9] Mas Jehová Dios llamó al hombre, y le dijo: ¿Dónde estás tú? [10] Y él respondió: Oí tu voz en el huerto, y tuve miedo, porque estaba desnudo; y me escondí. [11] Y Dios le dijo: ¿Quién te enseñó que estabas desnudo? ¿Has comido del árbol de que yo te mandé no comieses? [12] Y el hombre respondió: La mujer que me diste por compañera me dio del árbol, y yo comí. [13] Entonces Jehová Dios dijo a la mujer: ¿Qué es lo que has hecho? Y dijo la mujer: La serpiente me engañó, y comí.

Cuando la mujer comió nada pasó con respecto a la sentencia de muerte, fue sino hasta que el hombre comió del fruto del árbol de la ciencia del bien y el mal. Por eso dicen las escrituras que fueron abiertos los ojos **de ambos** hasta que comió Adán.

EL HOMBRE COMO PIEDRA DE ÁNGULO

Aunque fue Eva quien transgredió primeramente, Dios le pidió cuentas primero al hombre, ¿por qué?

- ✓ Porque el hombre era el encargado del mandamiento de **no comerás**.

- ✓ Porque la máxima responsabilidad estaba en el hombre, porque era y es el fundamento de la familia, es el sacerdote que Dios ha delegado en casa.

- ✓ No estoy diciendo que el hombre sea mejor que la mujer, sino que fue creado primero, las instrucciones se le delegaron al hombre para que coordinara en unidad con la mujer; de ahí entonces que a la mujer le piden sujeción y al hombre un trato especial para la mujer.

- ✓ El hombre es la cabeza, esto significa fundamento como decir piedra de ángulo.

1 Timoteo 2:13-14 (LBA) Porque Adán fue creado primero, después Eva. [14] Y Adán no fue el engañado, sino que la mujer, siendo engañada completamente, cayó en trasgresión.

Puedo decir entonces, con base a esto que, el hombre viene de adentro de Dios y la mujer viene de adentro del hombre.

- ✓ De esa manera, así como Dios es la fuente del hombre, el hombre es la fuente de la mujer. Esto no es un fundamento doctrinal de machismo, en ninguna manera, sino que debe haber un orden, el orden que Dios dejó establecido porque si El lo estableció, así debe funcionar.

- ✓ Dios es la sustancia del hombre y el hombre es la sustancia de la mujer (sustentador Dios y el hombre, proveedor Dios y el hombre).

EL COSTADO DEL HOMBRE

Debo explicar esto con base a las escrituras de una manera profunda, es decir que, si Dios tomó algo de adentro del hombre para crear a la mujer, el hombre vino a ser **fuente** para la mujer, lo cual en hebreo es **ABBA**, que significa padre porque es **fuente**.

Génesis 2:22 (LBA) Y de la costilla que el SEÑOR Dios había tomado del hombre, formó una mujer y la trajo al hombre.

COSTILLA

Esa palabra, en el concepto hebreo significa 3 cosas:

Su numero de referencia es H6763 y se pronuncia **tsela**.

1. **Literalmente costilla**: el concepto hebreo lo define como sustancia, por eso Adán dijo hueso de mi hueso, o sea sustancia de mi sustancia.

   ✓ Lo declarado de Adán era con relación a que ella sería la madre de los vivientes.

   ✓ Ella vendría a ser la incubadora de la vida, la preservadora de vida, el hombre la fuente y ella preservadora de vida.

2. **Arco que diseña**: curva, por eso el cuerpo de la mujer es diferente al del hombre.

3. **Cámara**: como algo que aloja, la mujer tiene vientre, útero, estomago, como cámara que guarda.

LA CÁMARA DEL HOMBRE

Lo que tomaron de Adán fue más que una costilla porque ella tiene la sustancia del hombre.

- ✓ Ella tiene hoy la cámara que tenía el hombre.

- ✓ La mujer tiene algo que el hombre tuvo que dejar.

Génesis 2:24 (LBA) Por tanto el hombre dejará a su padre y a su madre y se unirá a su mujer, y serán una sola carne.

DEJÓ PADRE Y MADRE

¿A quiénes dejó sí Adán no tenía papá ni mamá biológicos?

- ✓ Dejo de ser 2 cosas o 2 fases.

- ✓ Dejo de ser Abba y matriz a la vez, para quedarse como padre solamente.

1. Abba = fuente.

   ➢ Por eso el hombre es quien debe ser un dador, la psiquis del hombre.

2. Matriz = preservador de la vida o incubadora.

La Evolución Adámica

- ➢ Y por eso ella debe ser recibidora, la psiquis de la mujer.

- ➢ Por eso cuando la mujer no recibe algo o se le toma algo que es de ella, se desorienta.

- ➢ Ella no está supuesta a que se le quite, sino a recibir, fue diseñada para recibir; la violación o arrancarle a la fuerza algo, es lo más terrible para el diseño de la mujer.

LA MATRIZ DEL HOMBRE

La mujer se queda con la parte llamada matriz, esa palabra en hebreo es la palabra RECHEM #7358 {rekh'-em}.

Meaning: 1) womb 1a) womb-man, woman.
Usage: AV - womb 21, matriz 5, usada como vientre o matriz = madre.

- ✓ Lo masculino es el padre de lo femenino.

- ✓ En resumen, el hombre se queda siendo la fuente como Dios quiso que fuera; El es tu Padre porque es fuente y si el hombre dio la matriz para quedarse como padre, entonces debe ser una fuente eficaz al 100%.

✓ De allí depende la razón del porque el hombre provee su apellido a su esposa y le quita el de su padre biológico.

✓ Cuando una mujer no acepta el apellido de su esposo, esta diciendo tácitamente que no reconoce a su esposo como fuente 100% de provisión de parte de Dios.

✓ Esto fue lo que se dio al principio en el matrimonio.

Si alguien pregunta por qué Dios los diseñó así, la respuesta es por causa de Su plan en la humanidad. De esa manera estaban diseñados en funciones para actuar a Su imagen y semejanza al llegar a la Tierra.

A IMAGEN DE DIOS	
ELYON	SHADDAI
FUEGO DE DIOS	AMOR DE DIOS
IRA DE DIOS	PACIENTE
PODEROSO	COMPASIVO
FUERTE PODER POSICIONAL	MISERICORDIOSO PODER DE INFLUENCIA
NAT. DEL PADRE	NAT. DEL ESPIRITU SANTO

El Poder de Las Influencias

Ahora bien, surge una interrogante, ¿por que el hombre no se negó al ofrecimiento de Eva, si conocía la sentencia al desobedecer?, además que, para ese momento el poder de la mente de Adán estaba funcionando al 100%, por consiguiente no había lugar para amnesia, no había lugar para olvidar la orden de Dios, entonces ¿qué fue lo que sucedió?

2 Corintios 11:3 (LBA) Pero temo que, así como la serpiente con su astucia engañó a Eva, vuestras mentes sean desviadas de la sencillez y pureza *de la devoción* a Cristo.

- ✓ Como ella es recibidora, esa es su psiquis; el enemigo llegó a ella con mayor facilidad.

- ✓ Ella sé había quedado con la parte de influencia porque era o iba a ser la madre de los vivientes.

- ✓ El poder de la mujer como esposa y madre es de influencia.

- ✓ El diablo lo sabía, por eso llega a ella aprovechándose que era recibidora y que iba a tomar el fruto prohibido y que le daría luego al hombre, siendo poder de influencia.

Génesis 3:11-13 (LBA) Y Dios le dijo: ¿Quién te enseñó que estabas desnudo? ¿Has comido del árbol de que yo te mandé no comieses?[12] Y el hombre respondió: La mujer que me diste por compañera me dio del árbol, y yo comí.[13] Entonces Jehová Dios dijo a la mujer: ¿Qué es lo que has hecho? Y dijo la mujer: La serpiente me engañó, y comí.

Ejemplos de influencia:

- ✓ La mujer de Pilato, quiso influenciarlo para que no matara a Jesús.

Mateo 27:19 (LBA) Y estando él sentado en el tribunal, su mujer le mandó *aviso*, diciendo: No tengas nada que ver con ese justo, porque hoy he sufrido mucho en sueños por causa de Él.

Mateo 27:24 (LBA) Y viendo Pilato que no conseguía nada, sino que más bien se estaba formando un tumulto, tomó agua y se lavó las manos delante de la multitud, diciendo: Soy inocente de la sangre de este justo; ¡allá vosotros!

La Iglesia como entidad místicamente mujer, fue delegada y encargada de influenciar al mundo con el mensaje de Cristo.

LA GUERRA DE PODERES

En todo esto hubo una guerra de poderes, primero el poder de la decepción (engaño), contra el poder posicional (del hombre), a través del poder de la influencia (de la mujer).

1. El hombre entonces tiene poder posicional.

2. La mujer tiene poder de influencia.

3. La influencia no es más poderosa que el poder, porque es poder.

4. La influencia es el poder invisible de la mujer.

5. El poder del hombre posicional es anunciado; al hombre le gusta el titulo: reverendo, doctor en divinidades, apóstol, sargento, mayor, jefe, etc., es como decir: …aquí mando yo…

6. Porque fue creado con poder posicional.

7. La mujer aunque no lo anuncia con título, ella es quien administra el

hogar; desde colores hasta gustos y diseños.

El enemigo sabía muy bien que la mujer podía mover del mandamiento al hombre, porque ella se quedó con la parte de influencia.

Los 2 Adanes

1 Corintios 15:45-52 (LBA) Así también está escrito: El primer HOMBRE, Adán, FUE HECHO ALMA VIVIENTE. El último Adán, espíritu que da vida. [46] Sin embargo, el espiritual no es primero, sino el natural; luego el espiritual. [47] El primer hombre es de la tierra, terrenal; el segundo hombre es del cielo. [48] Como es el terrenal, así son también los que son terrenales; y como es el celestial, así son también los que son celestiales. [49] Y tal como hemos traído la imagen del terrenal, traeremos también la imagen del celestial. [50] Y esto digo, hermanos: que la carne y la sangre no pueden heredar el reino de Dios; ni lo que se corrompe hereda lo incorruptible. [51] He aquí, os digo un misterio: no todos dormiremos, pero todos seremos transformados [52] en un momento, en un abrir y cerrar de ojos, a la trompeta final; pues la trompeta sonará y los muertos resucitarán incorruptibles, y nosotros seremos transformados.

Ahora te explicaré acerca de los 2 adanes, no con la idea de decir que sólo hubo 2, porque bíblicamente puedo señalarte por lo menos a 5 más; pero de los 2 que estoy hablando es de donde existen 2 líneas, como lo mencioné en un inicio, pero lo menciono nuevamente como un recurso didáctico y traer a tu mente de qué estoy hablando; es entonces una línea de muerte y otra de vida. Eso significa que la humanidad el día de hoy solamente tiene 2 líneas en las cuales vivir:

1. Una de muerte: linaje del primer Adán.
2. La otra de vida: linaje del postrer Adán.

LOS ADANES

La razón de los hombres a los que llamará adanes, es porque ellos reiniciaron una nueva raza o genealogía.

A través de la Biblia, te mostraré 7 personajes que, por sus características, toman el nombre de Adán, prefigurando en sí mismos la obra final que llevaría a cabo el postrer Adán.

LOS SIETE ADANES

En esto debes ver que Dios siempre deja remanentes de sus creaciones.

Proverbios 24:16 ,,,porque el justo cae siete veces; y vuelve a levantarse, pero los impíos caerán en la desgracia.

- ✓ Dice que siete veces cae el justo, por decirlo así, es la humanidad la que ha caído y que Dios la vuelve a levantar.

- ✓ Es decir que Dios ha dado oportunidades a la humanidad a través de los RE- INICIOS llamados Adanes.

CRONOLOGÍA DE LOS ADANES

1. Creación del hombre sin experimentar la división (masculino-femenino).	Ser inteligente: su objetivo era reconquistar y repoblar la Tierra para Dios que, a causa de la rebelión que existió, se había desvirtuado lo en ella existía en **Génesis 1:1**.
2. Adán y Eva	Su objetivo era desarrollar el programa de la expansión del reino de Dios en la Tierra, pero al ser engañados por la serpiente, pecaron y como consecuencia fue maldita la Tierra y ellos expulsados del Edén.
3. Set-Adán	Su nombre significa **compensación**, ya que es el que compensó la muerte de Abel y llegó a ser otra simiente (**otro Adán**), se empezó a invocar el nombre de Dios nuevamente en **Génesis 4:25-26**.
4. Noé-Adán	Era perfecto en sus genes, **Génesis 6:9**. Se le da la tarea de repoblar la Tierra **Génesis 9:1**.

5. Abraham-Adán	Se le da la promesa de una simiente terrenal y de una simiente celestial Génesis 22:17. Ofreció a su hijo unigénito en sacrificio, como figura del Padre celestial, al dar a su hijo Jesucristo.	
6. Israel-Adán	Dios toma para sí un pueblo escogido, que debería llegar a ser el pueblo representante de Dios sobre la Tierra ante las demás naciones, pero amaron más las tinieblas, se rebelan y son destituidos Génesis 46:3, Romanos 1:1.	
7. Jesucristo-postrer Adán	En El se lleva a cabo la obra de reivindicación de todos los anteriores y la obra de redención completa. Es importante señalar que no se dice del Señor Jesucristo el segundo Adán o el tercer Adán, etc., sino el postrer Adán, el último Adán.	

EL PRIMER ADÁN

El primer Adán es llamado primero porque vino a ser el primero del original, el cual es Jesús Hijo de Dios y primogénito de la creación y Adán es hijo de Dios, el primer Adán del original (el modelo es el primogénito de la creación).

1 Corintios 15:45 (LBA) Así también está escrito: El primer HOMBRE, Adán, FUE HECHO ALMA VIVIENTE. El último Adán, espíritu que da vida.

La palabra **POSTRER** es la palabra **ESCATHOS** pero para referirse a postrer como una meta final es la palabra transliterada del hebreo al griego, la cual es **APOLIUS** que significa: **ORIGINAL**.

La meta de Dios siempre ha sido que la humanidad sea a su imagen y semejanza, y la imagen del Dios invisible es Su Hijo, quien trae esa imagen y a quien estás llamado a ser cuando dice la Biblia que debes alcanzar la estatura del varón perfecto, refiriéndose a Jesús.

- ✓ Por eso El es el primero = original y último = meta.

- ✓ El Alfa y la Omega.

Romanos 8:29 (LBA) Porque a los que de antemano conoció, también *los* predestinó *a ser* hechos conforme a la imagen de su Hijo, para que Él sea el primogénito entre muchos hermanos;

Colosenses 1:15 (LBA) Él es la imagen del Dios invisible, el primogénito de toda creación.
Colosenses 1:18 (LBA) Él es también la cabeza del cuerpo *que es* la iglesia; y Él es el principio, el primogénito de entre los muertos, a fin de que Él tenga en todo la primacía.

Hebreos 1:6 (LBA) Y de nuevo, cuando trae al Primogénito al mundo, dice: Y ADÓRENLE TODOS LOS ÁNGELES DE DIOS. (Hebreos 10 dice que le prepararon un cuerpo).

Hebreos 10:5 (LBA) Por lo cual, al entrar Él en el mundo, dice: SACRIFICIO Y OFRENDA NO HAS QUERIDO, PERO UN CUERPO HAS PREPARADO PARA MÍ...

Apocalipsis 1:5 (LBA) y de Jesucristo, el testigo fiel, el primogénito de los muertos y el soberano de los reyes de la tierra. Al que nos ama y nos libertó de nuestros pecados con su sangre...

PRIMO #4413 protos {pro'-tos} significa:

1) Primero en tiempo o lugar 1a) en sucesión en cualquier cosa o personas.
2) Primero en rango 2a) en influencia, en honor 2b) jefe 2c) principal.
3) El primero.

✓ Ahora entendamos por qué dice: hagamos al hombre conforme a nuestra imagen (plural, denota alguien mas).

Fuera de la línea del postrer Adán, o sea el Señor Jesucristo; simplemente todos mueren y van al infierno en su proceso final.

✓ Porque la línea del primer Adán es muerte.

LAS CICATRICES DE LAS MALDICIONES DEL PRIMER ADÁN

Cuando la Biblia se refiere a cicatrices, se está refiriendo a marcas que identifican a una persona con algo o alguien.

✓ Son como un estigma o una señal de...
✓ Cuando el primer Adán pecó se dio lugar a las maldiciones que solamente se pueden quitar a través del postrer Adán.

Es importante comprender que las maldiciones generacionales en la sangre, no se originaron con la persona que la está padeciendo, sino que, fue por herencia ancestral, un familiar que vivió cientos de años antes y quizá nunca se había activado esa herencia hasta que llegó a vivir determinada persona. Es decir que son más antiguas de lo que no puedes imaginar y están relacionadas con la transmisión de la línea de primer Adán.

En esto se ve y confrontan facetas que son desconocidas en lo que es el fenómeno generacional, y se descubren puntos que tienen que ver con la transmisión que tomó lugar en la caída del primer hombre. Nuevamente puedo recordarte que dentro de los libros de equipamiento, el tomo número 3, **LOS ANCESTROS**, encontrarás una profunda explicación a este respecto, razón por la cual no lo repito a detalle en este libro.

LA MALDICIÓN DE LA SERPIENTE

Génesis 3:14-15 (LBA) Y el SEÑOR Dios dijo a la serpiente: Por cuanto has hecho esto, maldita serás más que todos los animales, y más que todas las bestias del campo; sobre tu vientre andarás, y polvo comerás todos los días de tu vida. **15** Y pondré enemistad entre ti y la mujer, y entre tu simiente y su simiente; él te herirá en la cabeza, y tú lo herirás en el calcañar.

- ✓ Estas son las únicas maldiciones que no se romperán, son permanentes.

- ✓ Se empieza entonces con la maldición a la serpiente, pero antes de eso debes hacerte una pregunta, ¿quién era y qué era la serpiente?

LA SERPIENTE

De acuerdo al pasaje de Génesis 3 voy a considerar algunas cosas como estas:

1. Esta criatura fue creada por Dios.

2. Era una criatura fantástica por ser de la clase: **NACHASH #5175.**

➤ Ese término significa: una maestra cazadora; un ser de camuflaje, astuto, artero, cuerdo, avisado, encantadora, escogido por Satanás, siendo un ser que cayó bajo maldición, de allí vienen ahora los sortílegos, adivinos y hechizos.

3. Pero era de la familia **SARAPH #8314**, ese término significa serpiente, también de clase ardiente.

➤ En definición significa: serpiente venenosa, color de bronce, ardiente, culebra, Serafín, ser ardiente de 6 alas.

➤ Aparece en estos pasajes: **Números 21:6-8, Deuteronomio 8:15, Isaías 6:2**.

SIN PATAS

Después de la caída de Adán y Eva, Dios dio una sentencia de maldición contra la serpiente. Tal declaración implica no era la condición de la serpiente antes de la caída.

Hoy en día según, algunos descubrimientos, se ha comprobado que las serpientes parecen tener cicatrices pequeñas en sus cuerpos en el lugar en donde las piernas deben haber sido unidas.

En 1979, por lo menos dos fósiles de serpiente fueron encontradas en la mina de Ein Yabrud 12 millas de norte de Jerusalén, completamente con las piernas.

George Haas de la Universidad hebrea en Jerusalén. En aquella época, el profesor Haas llamó al fósil, problematicus de Pachyrhachil – la **serpiente problemática con patas**. La documentación de este descubrimiento asombroso apareció en marzo 16 de 2000.

Otro artículo sobre el hallazgo fósil fue publicado de diciembre 4 de 2000, en el sitio de internet www.nationalgeographic.com

- ✓ Según los expertos dicen que la serpiente tiene 4 marcas donde se supone irían las piernas.

ENEMISTAD

A la serpiente le dieron como maldición la enemistad con la mujer, esa enemistad es ancestral contra la serpiente o Satanás.

✓ Hay gran diferencia entre ser enemigos y tener enemistad.

1. Enemigo: es considerado un adversario temporal o negociable.

2. Enemistad: es irreconciliable, nunca negociable, sin posibilidad de reconciliar, eterno, enemistad ancestral contra la serpiente. La simiente de la mujer y la simiente de la serpiente son irreconciliables, también estos son Cristo y Satanás, la serpiente antigua.

   ➢ Por eso Satanás odia a la mujer y la mujer odia a Satanás.

   ➢ Por eso la mujer hoy puede discernir más el peligro, que el hombre.

Con relación a las maldiciones a la mujer y a la Tierra, debo explicar la diferencia de la maldición a la serpiente. La maldición de la serpiente nunca será quitada.

1. Dios no es un maldiciente por naturaleza.
2. La palabra maldición en términos técnicos significa: eres maldecido por la maldición, no por Dios.
3. La caída atrajo la maldición.

EL CASTIGO A LA MUJER

Génesis 3:16 A la mujer dijo: En gran manera multiplicaré tu dolor en el parto, con dolor darás a luz los hijos; y con todo, tu deseo será para tu marido, y él tendrá dominio sobre ti.

MULTIPLICACIÓN

- ✓ Las mujeres que están en Cristo tienen dolores de parto, pero ya no los tienen multiplicados como fue declarado en Génesis.

- ✓ El siguiente verso es la muestra que, los dolores están pero ya no multiplicados como consecuencia del castigo o maldición.

Apocalipsis 12:2 (LBA) ...estaba encinta, y gritaba , estando de parto y con dolores de alumbramiento.

EL DESEO

- ✓ El castigo del deseo era que la mujer fuera deseada por el hombre para satisfacerse, como decir, andar detrás o perseguirla para saciar su deseo sexual. La traducción dice: COMO UNA BESTIA PERSIGUE A SU PRESA.

    - #7783 shuc o shuwq = desbordarse o rebosar.

- ✓ Pero no es así estando en Cristo:

1 Corintios 7:3-5 (LBA) Que el marido cumpla su deber para con su mujer, e igualmente la mujer lo cumpla con el marido. [4] La mujer no tiene autoridad sobre su propio cuerpo, sino el marido. Y asimismo el marido no tiene autoridad sobre su propio cuerpo, sino la mujer. [5] No os privéis el uno del otro, excepto de común acuerdo y por cierto tiempo, para dedicaros a la oración; volved después a juntaros a fin de que Satanás no os tiente por causa de vuestra falta de dominio propio.

EL DOMINIO

Tendrá dominio, significa: regular más que mandarla.

1. Una mujer que no tiene el Espíritu Santo dentro de ella, el potencial que tiene es la influencia. Este era un regalo de Dios a la mujer para ejecutar su misión de expansión junto al hombre.

2. Ese potencial cuando está fuera de control trae destrucción.

3. No estoy diciendo que la mujer necesite regulación por ser el vaso débil, pero si porque el potencial de ella es más peligroso.

EN CRISTO SE ROMPE

En Cristo se rompe porque es el único que puede romper esa situación, porque cualquiera que lo enfatice bajo esa base, está dándole vida a la maldición de la línea de Adán.

- ✓ En Cristo se debe romper esa maldición y debe haber un reconocimiento del principio de sujeción.

- ✓ Por el lado de la mujer debe ser reconocido para que no se le imponga.

- ✓ Por el lado del hombre debe ser como Cristo, es decir en amor.

Efesios 5:22 (LBA) Las mujeres *estén sometidas* a sus propios maridos como al Señor.

Efesios 5:33 (LBA) En todo caso, cada uno de vosotros ame también a su mujer como a sí mismo, y que la mujer respete a su marido.

✓ Porque al principio ambos tenían autoridad.

EL CASTIGO Y MALDICIÓN A LA TIERRA

Génesis 3:17-19 Entonces dijo a Adán: Por cuanto has escuchado la voz de tu mujer y has comido del árbol del cual te ordené, diciendo: "No comerás de él", maldita será la tierra por tu causa; con trabajo comerás de ella todos los días de tu vida. ^{18} Espinos y abrojos te producirá, y comerás de las plantas del campo. ^{19} Con el sudor de tu rostro comerás el pan hasta que vuelvas a la tierra, porque de ella fuiste tomado; pues polvo eres, y al polvo volverás.

✓ La Tierra que Adán debía dominar, ahora le produciría dolor.

TRABAJO DURO

Esto es de suma importancia comprender lo que significa:

1. Cuando el trabajo es duro, no hay gozo en lo que se está haciendo.

2. Cuando haces un trabajo que no te gusta, abres la puerta al enojo, a la ira, al estrés.

3. Cuando no disfrutas del trabajo, nunca cumplirás el propósito por el cual estás trabajando.

4. Cuando te gozas, no hay maldición de duro trabajo.

LA MALDICIÓN DE LA TIERRA

¿Qué significa la Tierra bajo un anatema y tener que cultivarla?

- ✓ Todo el fruto de la Tierra está bajo maldición, por consiguiente todo lo que llevas a casa proveniente de la Tierra o de tu trabajo, está bajo maldición.

  1. Por eso es que Dios instituye el diezmo y las primicias para quitarle la maldición a lo que llevas como paga de tu trabajo.

  2. Piensa en la gente que se opone al diezmo; todo lo que llevan a su casa

como pago o fruto de la Tierra, es anatema.

3. ¿Piensa qué estás comiendo?, ¿qué estás vistiendo?, ¿en que te cobijas?, etc., en el producto de una Tierra bajo maldición pero tienes una forma para quitar esa maldición.

Éxodos 34:26 (LBA) Traerás a la casa del SEÑOR tu Dios las primicias de los primeros frutos de tu tierra. No cocerás el cabrito en la leche de su madre.

Números 18:13 (LBA) Los primeros frutos maduros de todo lo que hay en su tierra, que traigan al SEÑOR, serán tuyos. Todo el que esté limpio en tu casa podrá comer de ello.

Deuteronomio 26:2 (LBA) tomarás las primicias de todos los frutos del suelo que recojas de la tierra que el SEÑOR tu Dios te da, y las pondrás en una canasta e irás al lugar que el SEÑOR tu Dios escoja para establecer su nombre.

Deuteronomio 26:10 (LBA) "Ahora, he aquí, he traído las primicias de los frutos de la tierra que tú, oh SEÑOR, me has dado." Entonces las pondrás delante del SEÑOR tu Dios, y adorarás delante del SEÑOR tu Dios.

✓ La línea del primer Adán además de ser línea de muerte, es de pobreza.

Génesis 3:18 (LBA) Espinos y abrojos te producirá, y comerás de las plantas del campo.

Al principio era: …comerás de todo árbol… ahora es comerás plantas… esto es disminuir los alimentos, figura de cuando no hay mucho para comer, problemas económicos.

EJEMPLO DE MALDICIÓN ANCESTRAL ADÁMICA

1. **Adán y Eva:** muerte, dolores, trabajo duro, enemistad contra la serpiente y su simiente, inmigrantes en la Tierra que no era el Edén, maldición de la Tierra produce pobreza, guerra contra la serpiente (**Génesis 3**).

2. **Caín:** trabajo duro, pobreza, errante o vagabundo, expulsado de la faz de la Tierra y muertes, influenciado por la serpiente, mató a su hermano (**Génesis 4**).

3. **Los hijos de Israel:** muerte, vagabundos en el desierto, trabajo duro, muertos por la

serpiente (**Números 14:32-35, 21:5-7; Éxodo 1:11**).

4. **La humanidad sin Cristo:** muerte, emigrantes, inestables, trabajo duro, poseídos y atormentados por espíritus inmundos y demonios, violencia familiar, etc.

Todo esto es la base de las grandes catástrofes en la humanidad como consecuencia de la genética del primer Adán. La única manera de romper esa línea ancestral adámica es por medio de Cristo, pero es más allá que decir, …estoy en Cristo… es vivir en Cristo de la siguiente manera:

¿CÓMO VIVIR EN LA LÍNEA DE NO MUERTE?

Hebreos 12:4 (RVA) Pues todavía no habéis resistido hasta la sangre combatiendo contra el pecado.

- ✓ La lucha contra la sangre es la lucha contra los ancestros de la línea de Adán y Eva.

- ✓ Aun tus padres fueron afectados por ellos.

✓ Debes combatir contra el pecado hasta la sangre, o sea, hasta en los genes.

✓ Nota que dice: combatiendo… y no guerra ni tampoco batalla, porque es algo personal.

✓ Al decir combatir o combate es de cuerpo a cuerpo, es decir el cuerpo de pecado, naturaleza adámica.

1. Comer Su cuerpo y beber Su sangre

Juan 6:54-57 (LBA) El que come mi carne y bebe mi sangre tiene vida eterna, y yo lo resucitaré en el día final, **55** porque mi carne es verdadera comida y mi sangre es verdadera bebida. **56** El que come mi carne y bebe mi sangre permanece en mí y yo en él. **57** Así como me envió el Padre viviente y yo vivo por el Padre, también el que me come vivirá por mí.

✓ Genética de Cristo: **Isaías 53:1–5** y **1 Corintios 11:23-30**.

✓ La cena y la ministración contra el ángel de la muerte.

EL SACRIFICIO DE CRISTO

1. **Isaías 53:5 Sanidad completa** = el castigo, por nuestra paz, cayó sobre Él, y por sus heridas hemos sido sanados #7495 RAPHA.

2. **Isaías 53:4 SANIDAD PARA EL CUERPO** = llevó nuestras enfermedades #2483 KHOLEE o CHOLIY enfermedades, males, malestares, físicos internos o externos.

3. **Isaías 53:4 SANIDAD PARA EL ALMA** = cargo nuestros Dolores #4341 MAKOBE o MACOB dolores mentales (desánimos, depresiones) y físicos (cansancio etc.).

4. **Isaías 53:5 SANIDAD PARA EL ESPÍRITU** = herido por transgresiones e iniquidades.

5. **Isaías 53:5** = El castigo, por nuestra paz, cayó sobre Él, y por sus heridas hemos sido sanados.

#7495 RAPHA = **Sanidad completa.**

En este pasaje está el sufrimiento y los beneficios, también está la resurrección y los descendientes a los que se les anulará la línea del primer Adán, dándoles más vida o vida en la línea del postrer Adán.

2. El lavatorio de pies

Juan 13:5-8 (LBA) Luego puso agua en una vasija y comenzó a lavar los pies de los discípulos y a secarlos con la toalla con que estaba ceñido. **6** Cuando llegó a Simón Pedro, este le dijo: -- Señor, ¿tú me lavarás los pies? **7** Respondió Jesús y le dijo: -- Lo que yo hago, tú no lo comprendes ahora, pero lo entenderás después. **8** Pedro le dijo: -- No me lavarás los pies jamás. Jesús le respondió: -- Si no te lavo, no tendrás parte conmigo.

- ✓ La pascua y el lavatorio de los pies van conectados porque hablan de un poderoso misterio.

- ✓ El misterio de la KENOSIS (**Filipenses 2**) y el retorno a la casa del Padre.

Juan 13:1-5 (R95) Antes de la fiesta de la Pascua, sabiendo Jesús que su hora había llegado para que pasara de este mundo al Padre, como había amado a los suyos que estaban en el mundo, los amó hasta el fin. **2** Y cuando cenaban, como el diablo ya había puesto en el corazón de Judas Iscariote hijo de Simón que lo entregara, **3** sabiendo Jesús que el Padre le había dado todas las cosas en las manos, y que había salido de Dios y a Dios iba, **4** se levantó de la cena, se quitó su manto y, tomando una toalla, se la ciñó. **5** Luego puso agua en una vasija y comenzó a lavar los pies de los discípulos y a secarlos con la toalla con que estaba ceñido.

Lo que hizo Jesús en el momento de la pascua fue, despojarse de Su ropa y lavar los pies de los discípulos, eso era la fotografía de la **KENOSIS**.

Filipenses 2:5-7 (LBA) Haya, pues, en vosotros este sentir que hubo también en Cristo Jesús: **6** Él, siendo en forma de Dios, no estimó el ser igual a Dios como cosa a que aferrarse, **7** sino que se despojó a sí mismo, tomó la forma de siervo y se hizo semejante a los hombres.

- ✓ **La Kenosis** fue para pasar del Padre al mundo.
- ✓ **La Pascua** fue para pasar del mundo al Padre.

- ✓ **En la Kenosis** se despojó temporalmente de Sus atributos.
- ✓ **En la Pascua** se despojó de Su ropa.

- ✓ **En la Kenosis** se hizo siervo.
- ✓ **En la Pascua** les sirvió lavándoles los pies a los discípulos.

Esta debe ser tu actitud, despojarte de toda altivez de espíritu y volverte siervo de Dios de todo corazón. Significa también ministrar tu alma, limpiar tu caminar.

Cabe mencionar en este punto, que en el siguiente capítulo describiré ampliamente acerca de la Kenosis de Cristo; aunque comprendo que seguirás estudiando este libro y que lo encontrarás, deseo resaltarlo porque es un tema con tal profundidad, que Dios me llevó a que dejara un sólo capítulo describiendo muchas de las cosas que el Espíritu Santo me ha revelado en Biblia a este respecto.

No estoy diciendo que con un capítulo ya esté agotado el tema porque Dios no tiene fin para poderlo conocer; sin embargo considero que es de mucha importancia, tanto que, te lo menciono aquí para que dispongas tu corazón a aprende lo que viene en el siguiente capítulo.

3. Tomar su cruz

Marcos 8:34-35 (LBA) Y llamando a la gente y a sus discípulos, les dijo: -- Si alguno quiere venir en pos de mí, niéguese a sí mismo, tome su cruz y sígame. **35** Todo el que quiera salvar su vida, la perderá; y todo el que pierda su vida por causa de mí y del evangelio, la salvará...

✓ Significa estar dispuesto a morir a las cosas que sugieren vida de lo pasado. Cuando quiera tomar lugar lo malo en tu vida, recuerda la cruz de Jesús y muere allí en ese momento a tus deseos carnales, piensa por un momento en la vida eterna y te despojarás de la vida momentánea que pueda brindar el pecado.

4. El bautizo de su muerte

Romanos 6:3-9 (LBA) ¿O no sabéis que todos los que hemos sido bautizados en Cristo Jesús, hemos sido bautizados en su muerte?, **4** porque somos sepultados juntamente con él para muerte por el bautismo, a fin de que como Cristo resucitó de los muertos por la gloria del Padre, así también nosotros andemos en vida nueva. **5** Si fuimos plantados juntamente con él en la semejanza de su muerte, así también lo seremos en la de su resurrección; **6** sabiendo esto, que nuestro viejo hombre fue crucificado juntamente con él, para que el cuerpo del pecado sea destruido, a fin de que no sirvamos más al pecado, **7** porque, el que ha muerto ha sido justificado del pecado. **8** Y si morimos con Cristo, creemos que también viviremos con él, **9** y sabemos que Cristo, habiendo resucitado de los muertos, ya no muere; la muerte no se enseñorea más de él.

- ✓ En el bautizo de Su muerte te sumerge al poder del gobierno detrás del velo o detrás del sepulcro.

- ✓ Este es el poder contra el mundo espiritual de las tinieblas.

Es de suma importancia que asimiles todo lo que has aprendido en este primer capítulo, recuerda que no se trata solamente de tener un conocimiento de guerra espiritual, sino que primeramente tu relación con Dios sea íntima y constante para que todo conocimiento que Él te haya mostrado e iniciado para fortalecerte, sea constantemente validado por el Espíritu Santo con el propósito que no haya espacio para el engaño de las tinieblas y tampoco arriesgues tu vida heredada por el postrer Adán que es el Señor Jesucristo por quien tienes la verdadera libertad de vida eterna.
.

La Batalla por La Verdadera Kenosis

Capítulo 2

Puedo comprender que si tienes este libro en tus manos, es muy posible que hayas iniciado tu equipamiento de guerrero espiritual leyendo los libros anteriores a este, donde describo el significado de muchos términos de guerra espiritual, empezando por lo que significa precisamente la palabra BATALLA, lo cual es diferente a lo que significa GUERRA y COMBATE, todos vistos desde un ángulo espiritual lógicamente.

El término GUERRA ESPIRITUAL, es donde se encuentran las estrategias y propósitos por los cuales el enemigo desarrolla su plan de tinieblas por medio, precisamente de una guerra espiritual contra el reino de Dios del cual formas parte; en la guerra espiritual es donde está descrita la meta final.

El término BATALLA es uno de los niveles donde se encuentran los conceptos, las descripciones de aquellas cosas que son de carácter espiritual y que enfrentas constantemente. Cuando notas que la palabra **BATALLA** está basada en situaciones del plural, significa que participan muchos.

Una batalla está enfocada a que sea realizada por los ministros de Dios, donde puedo dirigir a través de decretos, confesiones, estrategias de guerra con el propósito que la persona que está siendo liberada, responda de acuerdo a lo que se está decretando o sugiriendo en ese momento, sin embargo, en este nivel participan muchos, no así como sucede en un combate.

También existe una parte de la batalla en la que te ves más involucrado porque debes realizarla tú, no es necesariamente en forma particular o hacerla en forma aislada, sino que toda una congregación puede ser parte de esa batalla por cuando el término batalla es plural, pero debes participar tú también.

Esto es importante porque muchas de las cosas que conciernen a esa parte de la batalla, no está relacionada necesariamente con espíritus inmundos, no debe existir precisamente demonios o potestades, sino que es una batalla que cada persona está librando internamente y que es entonces una kenosis propia.

El término COMBATE, es más directo, es de cuerpo a cuerpo; es el momento donde alguien está consciente del estorbo que Satanás ha asignado en su contra, pero esa persona está decidida a enfrentar su ataque y se lanza con todo lo que tiene de parte de Dios para que el enemigo sea anulado en su ataque, para que toda estrategia diabólica pierda efectividad.

Por otro lado también es necesario saber lo que significa **KENOSIS**, obviamente esa es la razón principal de este capítulo, aunque es muy posible que en determinado momento hayas escuchado el término y tengas una idea, sepas el concepto o conozcas la definición de este término, pero es necesario retomarlo y reflexionar en él mientras estés de camino acercándote a la meta final.

Tu **KENOSIS** debe existir todos los días, en todo momento por muchas razones, hasta el día en que estés de frente al Señor Jesucristo, hasta ese momento entonces no habrá más necesidad de **KENOSIS**. No obstante puedo decir también que esa palabra es muy controversial, ha sido el punto de ataque de muchas escuelas teológicas porque se han opuesto a que se enseñe a este respecto; principalmente porque en la Biblia aparece y se empezó a enseñar desde el punto de vista de la **KENOSIS del Señor Jesucristo**.

El simple hecho de oponerse a que sea enseñado acerca de la kenosis de Cristo, es como sugerir que pases por alto un versículo porque para los maestros de la ley, no debe existir, pero no es algo que se deba considerar como moderno, sino que es un ataque que viene de siglos atrás, por consiguiente muchos desconocen este tipo de batalla, porque hay cosas que la kenosis te puede enseñar y que no es fácil poderlas llevar a la práctica, pero cuando notas cuál es el propósito, los resultados y sus beneficios, es cuando surge el deseo de hacerlo.

Entonces el problema no radica propiamente en que el diablo desvirtúe las verdades, por cuanto es la naturaleza de su operación y siendo padre de toda mentira, por ahí debería surgir; el problema está en que hay una gran parte de la cristiandad en oposición a lo que vas a aprender aquí.

A continuación describiré la cita base para el desarrollo de este capítulo:

Filipenses 2:5-8 (LBLA) Haya, *pues,* **en vosotros esta actitud** que hubo también en Cristo Jesús, ⁶ el cual, aunque existía en forma de Dios, no consideró el ser igual a Dios como algo a qué aferrarse, ⁷ sino que **se despojó a sí mismo** tomando forma de siervo, haciéndose semejante a los hombres. ⁸ Y hallándose en forma de hombre, se humilló a sí mismo, haciéndose obediente hasta la muerte, y muerte de cruz.

La invitación entonces es que, si Jesús siendo Dios, no consideró Su posición para aferrarse a eso y que fuera suficiente razón para no despojarse de Sí mismo, sino que siendo el único que no tiene alguien más alto, se despojó de todos Sus atributos, lo hizo voluntariamente, en Su soberanía lo hizo, por consiguiente, siendo un acto soberano nadie más lo podría igualar, porque debes saber que si hay algo que no puedes tener, es la soberanía de Dios.

La soberanía de Dios radica en que no existe nadie que le pueda decir qué hacer y qué no hacer; si El desea puede venir en el preciso momento en que estás leyendo este libro aunque falten por cumplirse profecías bíblicas, porque Dios es soberano y nadie es como El. Pero un día decide salirse de lo que es, se despoja de todos Sus atributos, se hace siervo y hombre pero sin pecado. Entonces la invitación de la cita anterior es a que, hagas algo que forma parte de tu naturaleza soberana y que te despojes de ti mismo.

LA ESENCIA DERIVADA: La Kenosis de Cristo

Esta es la explicación de lo describo en la cita inicial:

KENOSIS: (del griego κένωσις (ekénōsen): vaciamiento, es el vaciamiento de la propia naturaleza divina, para llegar a ser completamente receptivo a la voluntad de Dios.

Jesús, siendo Dios se despoja de Sus atributos como ya lo mencioné, para convertirse en siervo y hombre; entonces era sumamente necesario ser receptivo a lo que Dios deseaba que hiciera; es como decir que debiera obedecerse a Sí mismo, y no aferrándose a ser Dios, sino que, vaciándose (ekénosen), usando el verbo κενόω (kenóō) "vaciar". Se asocia con los términos anonadamiento, vaciamiento, despojamiento.

Filipenses 2:7 ...sino que se despojó **(kenóō #G2758)** a sí mismo tomando forma de siervo, haciéndose semejante a los hombres.

Ahora bien, lo que sucede regularmente en la vida de toda persona siendo tripartita es que en lugar de seguir las cosas que son del espíritu, se siguen las cosas que son del alma, donde está la personalidad de cada individuo porque es donde está el asiento de emociones, de la voluntad y de la mente; es entonces donde puede fraguarse la intención para satisfacer la carne o sea el cuerpo.

De aquí puedo ver entonces que el alma tiene mucha influencia en cuanto a lo que decides, haces, sientes, etc., puedo comprender que existe una fuerte influencia del alma en las decisiones que tomas a diario, de tal manera que si no haces algo para cambiar esa rutina, estás siendo como un creyente almático en lugar de ser espiritual como debería ser lo correcto. De aquí entonces la importancia de la kenosis porque tu alma no podrá gobernarte sino que, debes ceder lugar al gobierno de la esfera celestial que está representada en tu espíritu humano.

Nuevamente quiero hacer hincapié en que la palabra **DESPOJÓ**, fue traducida del verbo griego **KENOO (G2758)**, el cual no existiría como tal, si no existiera la raíz que es **KENOSIS**, la cual es vaciarse voluntariamente con el propósito de ser receptivo de la voluntad de Dios.

Kenosis: La Cosmovisión Griega y Hebrea

La controversia cristiana de la Kenosis

Las escuelas teológicas han dicho que es ilógico, antibíblico, no tiene lugar en su pensum de estudio mental que, en Dios haya tal mansedumbre y humildad como para despojarse de Sí mismo por amor a ti y descender a salvarte, tomar el lugar que te correspondía a consecuencia del pecado, por su puesto que eso me involucra a mí también. Es muy lamentable que los maestros de la ley en este tiempo, después de más de 2000 años aún sigan tan cerrados como en el tiempo en que los fariseos tuvieron a Jesús entre ellos, podían contar las letras de la Torá, pero no pudieron discernir que tenían frente a ellos a la verdad, el autor de la vida.

Hoy, en pleno siglo XXI aún existe gente que, no solamente se atreven a negar la existencia de Dios, sino que, también quieren encuadrarlo en una religión limitada de poder, perdiéndose con eso el hecho que puedan aprender a despojarse de sí mismos para ser receptivos a la voluntad de Dios que no es vivir como religiosos.

- ✓ La razón del rechazo está motivando por la influencia de una cosmovisión griega.

- ✓ Es decir que si la doctrina hubiese sido desde un punto de vista hebraico, la hubieran considerado más bíblica que en aquellos tiempos.

- ✓ Sin embargo, la doctrina de la kenosis, al investigarla a profundidad, tiene también una base desde el punto de vista hebreo.

- ✓ En la base de la explicación del significado de la esencia del Altísimo, derivándose para dar lugar a la "Tri-unidad" según el Salmo 91, lo hizo para que te pudieras acercar a El porque como esencia, siendo Dios Altísimo nadie se le puede acercar, pero desde ahí hubo una kenosis donde se deriva en funciones.

✓ Es decir: la kenosis es la cosmovisión griega de la cosmovisión hebrea, de la esencia de Dios Altísimo para derivarse de sí mismo, para dar lugar al Padre, Hijo y Espíritu Santo.

LA KENOSIS DE SU DIVINIDAD

Jesús entonces demuestra Su humildad y deja por un lado Sus poderes divinos:

Omnipotente: Marcos 6:5 Y no pudo hacer allí ningún milagro; sólo sanó a unos pocos enfermos sobre los cuales puso sus manos.

✓ No curó a nadie.

Omnisciente: Marcos 13:32 Pero de aquel día o de aquella hora nadie sabe, ni siquiera los ángeles en el cielo, ni el Hijo, sino sólo el Padre.

✓ Dijo no saber la hora.

Omnipresente: Lucas 8:41 Y he aquí, llegó un hombre llamado Jairo, que era un oficial de la sinagoga; y cayendo a los pies de Jesús le rogaba que entrara a su casa;

✓ Tuvo que viajar por Su cuenta y llegar hasta la casa para sanar.

LA NATURALEZA KENÓTICA DE DIOS

Dios no sólo espera que tengas tu propia kenosis, sino su naturaleza es kenótica.

La Naturaleza Divina Kenótica

La Kenosis Dios la realiza a partir del deseo divino de tener relación con el mundo, muy en particular con los redimidos, con personas como tú que le abriste tu corazón y lo has reconocido como tu Señor y Salvador de tu vida. Entonces Dios no sólo trabaja a través del Espíritu Santo de manera kenótica, sino que, Su naturaleza es kenótica.

1. El Elyón es de naturaleza kenótica.

2. El Padre es de naturaleza kenótica.

3. El Hijo es de naturaleza kenótica.

4. El Espíritu Santo es de naturaleza kenótica.

Si la palabra de Dios te enseña esa bendición, significa que cuando tienes tu propia kenosis, estás haciendo algo extraordinario que agradará el corazón de Dios porque estás siguiendo Sus pasos de acuerdo a lo que El pidió que hicieras. Porque, si lo hizo el Altisimo, el Padre, el Hijo y el Espíritu Santo; ¿por qué no habrías de hacerlo? Aunque pertenece a tu soberana voluntad, después del ejemplo que Dios deja, estás más que obligado a hacerlo.

Por supuesto que tienes libre albedrío, Dios no te obligará a que lo hagas, pero es una sugerencia bíblica que enseña claramente que si Jesús, siendo Dios, se despojó de Sus atributos divinos por amor a ti, ¿será que un cristiano tiene mayores atributos que Dios?, no los tienes; es más, Jesús dejó el camino por el que debes andar, es como la muestra de cómo vivir siendo humanos.

LA KENOSIS DEL ALTÍSIMO: LA COSMOVISION HEBREA

Aunque Dios no crece ni decrece, es dimensional como lo puedes ver en esta cita:

Salmo 91:1 El que habita al abrigo del **Altísimo** morará a la sombra del **Omnipotente**. 2 Diré yo al **SEÑOR**: Refugio mío y fortaleza mía, mi **Dios**, en quien confío.

(**Versión Israelita Nazarena 2011**) El que habita al abrigo de **Elyón** y mora a la sombra de **Shaday**, 2 dígale a **Yahweh**: "Refugio mío y fortaleza mía; mi **Elohim** en quien confío".

1. **Altísimo – Elyón = Esencia.**
2. **Omnipotente – Shaday = El Espíritu Santo.**
3. **Señor – Yahwe =El Padre.**
4. **Dios – Elohim = El Hijo.**

Estas palabras significan lo dimensional de Dios con sus respectivos nombres en el idioma hebreo, lo cual permite ver que son diferentes manifestaciones del mismo Dios, pero es una unidad compuesta porque **Jehová uno es.**

Deuteronomio 6:4 Escucha, oh Israel, el SEÑOR es nuestro Dios, **el SEÑOR uno es**. (uno es: H259 ekjád).

Para darme a entender con un ejemplo más cercano a ti; puedo decir que eres una persona compuesta en 3 dimensiones: espíritu, alma y cuerpo, al unir esas partes se forma entonces tu persona, incluso puedo decir que en cada dimensión, hay una esencia diferente pero al unirlas, llegas a punto de ser uno solo. De la misma forma es Dios, El uno es, pero decide manifestarse en tres personas distintas: Padre, Hijo y Espíritu

Santo, más aun, cada persona divina tiene Su propia kenosis con diferentes manifestaciones.

Es asombroso ver cómo es que el Padre tiene Su propia kenosis y cuando el Hijo lo ve, quiere imitarlo, así como cuando ve la kenosis del Espíritu Santo, también quiere imitarlo; el Hijo entonces tiene Su propia kenosis. Es como en lo natural puedes ver que un hijo quiere imitar a sus padres, algunos quizá no pudieron concluir una carrera universitaria, pero quieren que sus hijos tengan esa oportunidad.

Cuando esos hijos hacen el recuento de su vida y ven lo que hicieron sus padres, llega el momento en que quieren hacer lo mismo y un poco más, quizá los padres fueron universitarios, pero no tuvieron la oportunidad de estudiar una maestría o un postgrado por cualquier razón; entonces ven la forma de apoyar a sus hijos al punto de que ellos lleguen más alto; pero el punto es que hay una imitación de las cosas buenas que puedes dejar sobre tus hijos e hijas.

Entonces una vez que el Señor Jesucristo, siendo el Hijo, ve la kenosis del Padre y del Espíritu Santo, hace lo mismo porque ve que hay beneficios en eso, es cuando se hace siervo y se hace hombre, ¿cuál es el beneficio de la kenosis de Cristo?, tu vida en verdadera libertad. Gracias a esa kenosis es que fue cambiado tu lamento en danza, se cambió tu traje de ceniza en óleo de alegría, etc.

Las kenosis dejan entonces bendición sobre tus descendientes y aunque se levante el diablo, nadie detendrá esa bendición. Seguramente el diablo se levantó en contra de tus ancestros para bloquear que hoy estuvieras a los pies de Cristo, porque lo que pretendía era que hubiera un trastoque, no solamente genético en una línea ancestral de 14 personas para que fueras el número 15, sino un trastoque epigenético de una línea de 42 ancestros y sobre cada uno de ellos hay otros 42 como lo expliqué ampliamente en el libro que titulé: **Los Ancestros – Liberación de La Genética y Epigenética**.

Lo que el diablo buscaba es que no existiera ningún beneficio a favor tuyo, sino que toda intención de bendición fuera anulada, pero Dios, manifestado en las 3 personas divinas que ya mencioné, tuvo una kenosis maravillosa que traspasó los tiempos hasta que vinieras a la Tierra en la calidad de bendición que eres.

Realmente es asombroso cómo es que, la línea ancestral de Jesús, desde el punto de vista epigenético, también la quiso dañar el diablo. Cuando ves en los evangelios, haciendo referencia del libro de la genealogía de Jesús, puedes notar que menciona de Abraham hasta David, 14 generaciones; luego dice de David hasta la deportación a Babilonia otras 14 generaciones, y finalmente de la deportación a Babilonia hasta Cristo, otras 14 generaciones. Dicho en otras palabras, son 42 ancestros a lo cual se le llama epigenética, palabra que significa por su etimología, más allá de la epigenética.

Sin embargo, desde el punto de vista científico, epigenética significa que un gen está apagado y que algo puede encenderlo como en forma de cadena hasta que llegue al actual descendiente; es como trasladar información de una memoria a otra y otra. De tal manera que, sin magnificar el trabajo diabólico de las tinieblas; puedo decir que para bloquear tu comunión con Dios y ser coheredero con Jesús, el adversario tiene cientos de años de estar trabajando en contra tuya en un plan muy bien orquestado, pero nada que supere a los planes de salvación de Dios.

Pero entonces el punto es que si todo esto ha estado siendo planificado en contra tuya, cuando dispones tu vida a la kenosis, todo ese trabajo que las tinieblas estuvieron trabajando por milenios, simplemente es echado a la basura, a donde pertenece; todo el trastoque genético que fue fraguado por Satanás y su séquito de servidores, queda sin efecto por el amor del Señor Jesucristo y de esa misma forma, por tu kenosis, trasladas bendición a tus descendientes a partir de ese momento.

No obstante también es interesante ver cómo es que el enemigo, siendo estratégico, pero no más que Dios; permite en tu vida un dolor corporal y espera que haya un placebo para enviar otro dolor más fuerte el cual fue inyectado ancestralmente miles de años antes, para que estuviera disponible en los genes de alguien, para activarlo en cualquier momento en la actualidad sobre tu persona; pero obviamente ese no es el deseo de Dios, razón por la cual Él permite que haya revelación sobre situaciones como la epigenética, para anular esos planes de maldiciones ancestrales, pero como ya lo expliqué; no ancestral de 14 personas, sino de una línea de 42 personas y de 42 más sobre cada uno de esos 42 y de otros 42 sobre cada uno de esos 42, etc.

De tal manera que a pesar de todo lo que el diablo haya orquestado para destruirte y dañar a tu simiente; eso puede quedar anulado a través de una kenosis, de un verdadero vaciamiento de todo aquello que se ha venido acumulando a través de la genética de forma ancestral por miles de años.

Por eso, si en el Padre, el Hijo y el Espíritu Santo hubo una kenosis que dio lugar a que llegaras a los pies de Cristo y la Biblia te invita a que partícipes de una kenosis, ahora sabiendo sus beneficios deberías practicarla con todo el amor de tu corazón.

El Altísimo (Elyón) Habita En Lugares Inaccesibles

1 Timoteo 6:16 (LBA) ...el único que tiene inmortalidad y habita en luz inaccesible; a quien **ningún hombre ha visto ni puede ver**. A Él sea la honra y el dominio eterno. Amén.

Otras versiones dicen: Ningún hombre se le puede aproximar, ni tocar.

Obviamente que en este versículo está refiriéndose a la esencia de Dios porque al Padre lo vio uno, al Hijo lo vieron muchos, incluso al Espíritu Santo lo vio Juan el Bautista en forma corpórea de una paloma.

La Razón Divina De La Esencia Derivada

La esencia o Dios Altísimo nunca a salido del **AYIN-SOF** por razones de pureza muy poderosas, es demasiado puro y no tiene contacto con la creación por su inmensidad.

Al decir el Apóstol Pablo que nadie le ha visto, ni le verá o que nadie puede acercarse a El, es la razón de lo dimensional de Dios por causa de Sus hijos. Recuerda que el Apóstol Pablo era experto en el judaísmo y sabía muy bien lo que estaba escribiendo en la epístola a Timoteo.

Filipenses 3:5-6 …circuncidado el octavo día, del linaje de Israel, de la tribu de Benjamín, hebreo de hebreos; en cuanto a la ley, fariseo; **6** en cuanto al celo, perseguidor de la iglesia; en cuanto a la justicia de la ley, hallado irreprensible.

Ciclo Inicial De Una Kenosis

La esencia Elyón, como nunca tiene contacto directo con la creación, se deriva en el primer ciclo inicial increado llamado **KENOSIS G2758**, igualmente a vaciarse o derivarse.

A continuación verás unas imágenes para darme a entender de una forma gráfica de lo que hasta este punto has leído y estudiado:

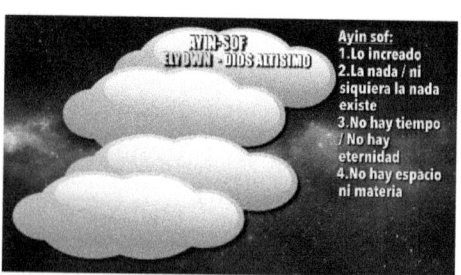

En palabras humanas y con el propósito de poder trasladar esta enseñanza, puedo decir que esa imagen representa y explica el estado o lugar donde estaba el Elyón, la esencia de Dios que es amor y lo llena todo; pero es ahí donde empieza a derivarse y surge la siguiente dimensión:

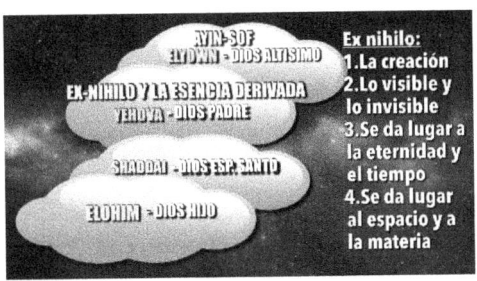

Aquí es el lugar, si cabe decirlo de esa forma; donde se manifiesta Dios Padre, Dios Hijo y Dios Espíritu Santo; pero recuerda que no es el lugar donde fueron creados, sino donde Dios Altísimo decidió derivarse de esa forma. Pero aun falta otra dimensión:

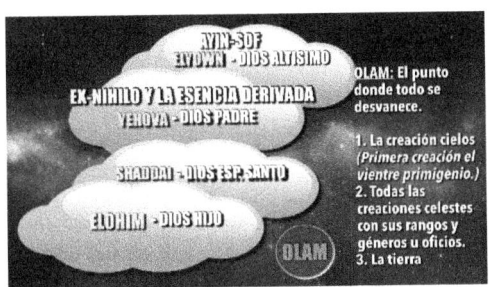

Aquí es donde entonces surge el Olam, donde inicia lo creado, las primeras creaciones espirituales y celestes hasta finalmente llegar a lo físico como la creación de la Tierra. Hasta aquí entonces puedes ver el gran ejemplo que dejó Dios Altísimo con Su kenosis para darte lugar y sin importar cuán organizado pueda estar Satanás, llevarte en procesos de bendición para completar Su obra en ti.

La Naturaleza Kenótica de El Padre

La kenosis del Padre es lo siguiente: siendo omnipotente, voluntariamente se limita de su poder para que otros lo tengan, por ejemplo: la puedes ver cuando delega autoridad a Su creación.

Génesis 1:28 Y los bendijo Dios y les dijo: Sed fecundos y multiplicaos, y llenad la tierra y sojuzgadla; ejerced dominio sobre los peces del mar, sobre las aves del cielo y sobre todo ser viviente que se mueve sobre la tierra.

✓ Cuando se te delega el hacer una cosa para Dios, eso es KENOSIS del Padre.

La kenosis de la autoridad

Cuando reconoces autoridad, estás teniendo una kenosis de autoridad y la estás entregando a la persona que Dios delegó para tal efecto; por supuesto dentro de un orden bíblico guiado por el Espíritu Santo.

Romanos 13:1-2 Sométase toda persona a las autoridades que gobiernan; porque no hay autoridad sino de Dios, y las que existen, por Dios son constituidas. ² Por consiguiente, el que resiste a la autoridad, a lo ordenado por Dios se ha opuesto; y los que se han opuesto, sobre sí recibirán condenación.

Pero tampoco es para decir que si alguien que tiene autoridad, de pronto te dice que te quites la vida y estés obligado a hacerlo; no es así, por eso es importante el don de discernimiento en todo momento.

Las escrituras dicen que Dios es amor y en Su amor es que puedes ver Su naturaleza kenótica.

1 Juan 4:8 (LBA) El que no ama no conoce a Dios, porque Dios es amor.

El amor del Padre

1 Corintios 13:4-8 (LBA) El amor es paciente, es bondadoso; el amor no tiene envidia; el amor no es jactancioso, no es arrogante; ⁵ no se porta indecorosamente; no busca lo suyo, no se irrita, no toma en cuenta el mal recibido; ⁶ no se regocija de la injusticia, sino que se alegra con la verdad; **7** todo lo sufre, todo lo cree, todo lo espera, todo lo soporta. 8 El amor nunca deja de ser...

> ✓ La kenosis del amor es que brindes amor y no pidas que te amen, es como dar sin esperar nada a cambio; obviamente que el mundo no está de acuerdo con los principios eternos de Dios. Por eso lo que debes hacer primero es vaciarte de odio y llenarte de amor, eso se hace únicamente por medio del Espíritu Santo.

La kenosis del Padre dando a Su hijo

Antes que el Padre diera el mandamiento de amarlo, tuvo su kenosis y te amó primero:

Juan 3:16 Porque de tal manera amó Dios al mundo, que dio a su Hijo unigénito, para que todo aquel que cree en El, no se pierda, mas tenga vida eterna.

Génesis 22:1-2 Aconteció que después de estas cosas, Dios probó a Abraham, y le dijo: ¡Abraham! Y él respondió: Heme aquí. **2** Y Dios dijo: Toma ahora a tu hijo, tu único, a quien amas, a Isaac, y ve a la tierra de Moriah, y ofrécelo allí en holocausto sobre uno de los montes que yo te diré.

- ✓ Abram es figura del Padre.
- ✓ Abram tiene su Kenosis.

La Naturaleza Kenótica de El Hijo

Esto se explica con lo que el Apóstol Pablo escribe a los filipenses, respecto a la kenosis de Cristo.

La kenosis: (del griego κένωσις (ekénōsen): vaciamiento, es el vaciamiento de la propia naturaleza divina, para llegar a ser completamente receptivo a la voluntad de Dios; como ya lo expliqué anteriormente.

Filipenses 2:6-7 ...el cual, aunque existía en forma de Dios, no consideró el ser igual a Dios como algo a qué aferrarse, **⁷ sino que se despojó** a sí mismo tomando forma de siervo, haciéndose semejante a los hombres.

- **Sino que vaciándose (ekénosen)**, usando el verbo κενόω (kenóō) vaciar. Se asocia con los términos anonadamiento, vaciamiento, despojamiento.

La kenosis estilo de vida del creyente

La kenosis es una autolimitación de Dios en la segunda persona; no significa que Cristo está limitado inherentemente o limitado desde afuera, por cuanto Dios es soberano incluso en Su kenosis, pero lo hace por amor.

La palabra SE DESPOJÓ es igual a Kenosis

Es lo que el Apóstol Pablo está sosteniendo, respecto a que la kenosis es como el patrón de un estilo de vida verdaderamente cristiano.

- Esta fue la razón de gran controversia cristiana en el siglo IV.

- Llevando a que algunos creyentes en ese tiempo sufrieran persecución, cárcel y otros exilio por aquellos que se oponían a la doctrina de la kenosis.

- Hoy mismo puedes encontrar en las redes sociales, respecto a comentarios que se oponen a la kenosis Cristo.

Filipenses 2:5-6 (LBA) Haya, pues, en vosotros esta actitud que hubo también en Cristo Jesús, **6** el cual, aunque existía en forma de Dios, no consideró el ser igual a Dios como algo a qué aferrarse…

1.- La Kenosis del Hijo: en Su Condición

Siendo rico se hizo pobre:

2 Corintios 8:9 Porque conocéis la gracia de nuestro Señor Jesucristo, que siendo rico, sin embargo por amor a vosotros se hizo pobre, para que vosotros por medio de su pobreza llegarais a ser ricos.

- ✓ Cuando Dios te pide los diezmos y ofrendas; no es que los necesite, por cuanto El es dueño de todo.

- Pero está poniéndote a prueba para tener una kenosis de lo material.

Salmo 50:12 Si yo tuviera hambre, no te lo diría a ti; porque mío es el mundo y todo lo que en él hay.

2.- La Kenosis del Hijo: en Su Nivel Divino

Siendo Dios, se hizo inferior a los ángeles y probó la muerte por amor a ti.

Hebreos 2:9 Pero vemos a aquel que fue hecho un poco inferior a los ángeles, es decir, a Jesús, coronado de gloria y honor a causa del padecimiento de la muerte, para que por la gracia de Dios probara la muerte por todos.

Dios no es insensible a tus padecimientos.

3.- La kenosis del Hijo: 2 Aspectos

1. Autolimitarse como Dios = se hizo hombre.
2. Transformarse en siervo = esclavo.

Filipenses 2:6-7 ...el cual, aunque existía en forma de Dios, no consideró el ser igual a Dios como algo a qué aferrarse, **7** sino que se despojó a sí mismo tomando forma de siervo, haciéndose semejante a los hombres...

Recibió el honor como un regalo.

Kenosis es humillarse a sí mismo

Muchas cosas pueden cambiar cuando un creyente se humilla.

- Cuando no haces tu kenosis humillándote, entonces te humillan y te dañan.

Humillarse a sí mismo

- No es la eliminación de la capacidad personal.

- Sino que, es la restricción que te pones con tal de poder relacionarte con otros, así como Cristo lo hizo con los hombres.

Lucas 18:14 Os digo que éste descendió a su casa justificado pero aquél no; porque todo el que se ensalza será humillado, pero **el que se humilla** será ensalzado.

Marcos 8:34 Y llamando a la multitud y a sus discípulos, les dijo: Si alguno quiere venir en pos de mí, **niéguese a sí mismo**, tome su cruz, y sígame.

LA KENOSIS DE SU DIVINIDAD

Los beneficios de la kenosis de Cristo

Por lo que sufrió y padeció, se puede compadecer de ti.

Hebreos 4:15 Porque no tenemos un sumo sacerdote que no pueda **compadecerse** de nuestras flaquezas, **sino uno que ha sido tentado en todo** como nosotros, pero sin pecado.

4.- La kenosis del Hijo: Su poder

Salió poder de El.

Lucas 8:45-46 (R90) Entonces Jesús preguntó: "¿Quién me tocó?" Y como todos lo negaban, dijo Pedro y los que estaban con él: "Maestro, la gente te aprieta y oprime, y preguntas: ¿Quién me tocó?" **46** Pero Jesús dijo: "Me ha tocado alguien, **porque yo sentí que ha salido poder de mí**".

Isaías 53:12 Por tanto, yo le daré parte con los grandes y con los fuertes repartirá despojos, **porque derramó su alma hasta la muerte** y con los transgresores fue contado, llevando El el pecado de muchos, e intercediendo por los transgresores.

Derramó H6168 ará: desnudo; vaciar, derramar.

La Naturaleza Kenótica de El Espíritu Santo

En una familia en la que puedes ver que el orden jerárquico es el padre, la madre y luego los hijos.

Lucas 1:35 Respondiendo el ángel, le dijo: El Espíritu Santo vendrá sobre ti, y el poder del Altísimo te cubrirá con su sombra; por eso el santo Niño que nacerá será llamado Hijo de Dios.

- Primero el Espíritu Santo y luego el Hijo.

El bautismo:

Mateo 28:19 Id, pues, y haced discípulos de todas las naciones, bautizándolos en el nombre del Padre y del Hijo y del Espíritu Santo,

¿Por qué por último, si es primero? Porque esa es kenosis del Espíritu Santo.

Es la tercera persona de la Tri-unidad, es Dios y no se glorifica a Sí mismo.

Juan 16:13-14 Pero cuando El, el Espíritu de verdad, venga, os guiará a toda la verdad, porque **no hablará por su propia cuenta**, sino que hablará todo lo que oiga, y os hará saber lo que habrá de venir. **14 El me glorificará**, porque tomará de lo mío y os lo hará saber.

- Si el Hijo actuó en kenosis (**Filipenses 2:7**).

- Y si el Espíritu Santo también actuó en kenosis (**Juan 10:13**).

- El Padre también actúa en Kenosis (**1 Juan 4:8**).

No habla de Sí mismo, sino que testifica de Cristo, es decir de otro.

Juan 15:26 Cuando venga el Consolador, a quien yo enviaré del Padre, es decir, el Espíritu de verdad que procede del Padre, El dará testimonio de mí,

- Cuando dejas de hablar de ti mismo y reconoces y honras a otros, estás teniendo una kenosis.

- Muchos critican a otros para darse importancia, eso es ego o narcisismo, podría decir que es una antikenosis.

La Naturaleza Kenótica de El Creyente

Una vez que has podido ver que Dios Altísimo tiene Su kenosis, se deriva y aun habiéndose derivado sigue dejando una muestra de Su kenosis; considero que lo mínimo que puede hacer toda la Iglesia de Cristo a nivel de cuerpo místico, es tomar ese ejemplo y ponerlo en práctica; que el despojarse sea genuino sin importar que haya una humillación porque en todo caso eso es misericordia de Dios, al punto que esa actitud puede llevar a la persona a que tenga un cambio en su vida.

Lucas 18:14 (LBA) Os digo que éste descendió a su casa justificado pero aquél no; porque todo el que se ensalza será humillado, pero **el que se humilla será ensalzado**.

Cuando alguien tiene en su corazón una actitud de soberbia, de orgullo por su apellido, por sus ancestros, etc., los demás no quieren saber de esa persona porque el único que tiene el conocimiento del por qué es orgulloso, es el orgulloso; por lo tanto los demás lo ven como una persona de actitud extraña y lo único que pueden notar es su soberbia; hasta que llega el momento en que en esa familia hay alguien que se encuentra con Jesús, nace verdaderamente de nuevo y como se humilla, tiene una kenosis, se vacía de él mismo sabiendo que no tiene de qué sentirse orgulloso porque nada es; entonces Dios ve su actitud y lo empieza a levantar juntamente con toda la familia, al punto que incluso la gente de su alrededor quiere tener amistad con esa familia.

Cuando existe una verdadera kenosis en el corazón de una persona, es llenada con la presencia gloriosa de Dios y adonde va esa persona, todo es bendición, la gente es prosperada o el lugar cambia su atmósfera, no por la persona, sino porque Dios está con él o ella.

1.- La kenosis del creyente por el peso

Hebreos 12:1 Por tanto, puesto que tenemos en derredor nuestro tan gran nube de testigos, **despojémonos** también de todo **peso** y del **pecado** que tan fácilmente nos envuelve, y corramos con paciencia la carrera que tenemos por delante…

1. Cuando se habla de peso se habla de estorbos, cargas, obstáculos en tu vida, como también arrogancia, presunción.

2. De ahí cada quién debe pensar o examinar qué le estorba para entonces despojarse.

3. Alguna cosa, persona, carácter, problema íntimo, etc.

Entonces no solamente el pecado mata la unción, eso es obvio, sino también el peso de muchas otras cosas. El problema es no considerar peligroso o grave que puede ser el peso porque no es pecado pero tiene poder para matar la unción también.

Esto es muy importante que logres asimilarlo porque como estoy refiriéndome a la kenosis, no así a una liberación donde es necesaria la intervención de Dios a través de Sus diferentes siervos que El ha habilitado para ese efecto; entonces Dios no te dirá que aún te falta que te despojes de algo, para saber que ya hubo un total vaciamiento, es necesario que te examines tú mismo a conciencia, porque las cargas, incluso pueden venir ancestralmente; alguien puede estar llevando una carga de cualquier tipo de cosas porque sus ancestros así lo hicieron y nunca tuvieron la oportunidad de tener un vaciamiento o sea, kenosis, por falta de conocimiento; pero hoy puedes hacerlo porque la luz llegó a tu vida.

Una de las cargas más comunes pero menos aceptadas o reconocidas por cuestión de orgullo, es la acusación, de tal manera que Satanás conociendo la energía que eso puede tener para debilitar el potencial de un cristiano, entonces se encarga de que todo el tiempo esté llevando esa carga; por eso la Biblia llama al diablo, el acusador, porque es quien se encarga de estar acusando y tergiversando las cosas para que haya confusión en la mente del cristiano y así sea más difícil su caminar.

Cuando se le da lugar a la acusación, automáticamente se destruyen los anhelos, la visión, el deseo de seguir buscando a Dios. Recuerda que si estás a cuentas con Dios, El te perdonó, si fuiste transparente delante de El y te ministraste vaciando todos tus pecados, Dios verdaderamente te perdonó, entonces ¿quién es Satanás para estarte acusando?, obviamente es el acusador, pero a lo que me refiero es que no debes darle lugar a la acusación porque las tinieblas no desaprovecharán ni una sola oportunidad para estorbarte e impedir que avances en tu caminar cristiano.

Cuando Dios te perdonó, lanzó esa acusación al fondo del mar, lamentablemente por la falta de seguimiento en una ministración, no hubo una total liberación y aunque la acusación la lanzó al fondo del mar; muchos cristianos practican el buceo espiritual y se sumergen en búsqueda de aquella acusación y se la apropian nuevamente.

2.- La kenosis del creyente de los ancestros negativos

Caer en iniquidad es un mal que afectó a la esfera celestial y busca afectar a la humana, de tal manera que te alejes de Dios para hacerte parte de una familia de iniquidad.

La iniquidad: es la antikenosis de Dios.

La iniquidad busca la forma que te vacíes de Dios y que se incrementen los códigos de la iniquidad para que seas hijo de la madre llamada iniquidad, entiéndase con esto la reina del cielo. Este punto lo puedes estudiar ampliamente en mi libro: **El**

Misterio De La Iniquidad, donde describo cada punto que se refiere a ese misterio.

Por eso es de suma importancia que te vacíes de los ancestros negativos y no así de los positivos, de aquello que es bendición de Dios ancestralmente y que puede repercutir en ti porque es lo que te corresponde de parte Suya, es algo que ya determinó por cualquier razón, quizá eres primogénito y tienes una herencia positiva que no debes renunciar a eso, pero si debes renunciar a los ancestros negativos, a lo que se refiera a maldiciones ancestrales.

Dentro de lo que debes vaciarte es del derecho de lo que un espíritu generacional persigue, lo cual es un ente que persigue de generación en generación por el mismo código genético que prevalece en un linaje específico. Lo que esto significa es que hoy tienes la oportunidad para que todas aquellas batallas que causaron estragos a tus ancestros, incluso a ti mismo hasta antes de conocer a Jesús; no sean heredadas por tus descendientes porque te estás ocupando en vaciar de tus genes todo código genético negativo; al punto que si alguien no te conoce ni conoce de tus ancestros, nunca imaginarán que eres parte de un tronco genealógico donde hubo alcoholismo, drogadicción, etc.

La gente pensará que eres parte de la línea genealógica celestial y que nunca hubo problemas ancestrales en tu familia porque cuando Dios restaura una vida partiendo de una kenosis; restaura desde los genes de aquella persona para que sus descendientes tengan la oportunidad de un borrado en la memoria ancestral y que entonces todo inicie como nuevo.

TESTIMONIO

Podría ser que, si eres el cristiano que marcó el cambio, hayas vivido la mitad de tu vida en medio de tinieblas hasta que te encontraste con Jesús y que hoy sientas vergüenza que tus hijos y nietos sepan quién fuiste en el pasado, en tu vida mundana sin Cristo. Eso mismo sucedió entre mi persona y mi hija cuando vio una foto donde aparezco de una forma vergonzosa, habiendo bebido hasta el cansancio y quedar tendido en el suelo.

Mi hija de 11 años de edad la vio y no creía que fuera yo; pero por testimonio del poder de Dios, tuve que testificarle con la verdad para que ella supiera que el Dios delante de quien estoy y al cual sirvo, rescató mi vida del estercolero (si puedo utilizar esa palabra), espiritual y físico.

Pero entonces el punto en todo esto es que, sin importar qué tan bajo pude haber caído, cuando tuve esa kenosis, el vaciamiento de todo lo negativo, ahí se fue toda marca de lepra espiritual en mi vida para que mis hijos y mi hija consanguíneos, no heredaran ese peso de pecado que llevé en mis hombros por muchos años y que quiso destruirme, pero Jesús me salvó y no hay acusador que sea más poderoso que El.

Hoy tienes la oportunidad de vaciar todo lo que hay en ti y que si sabes que es estorbo para darle vía libre a las bendiciones de Dios; debes aprovechar la oportunidad que El te brinda con el conocimiento que estás adquiriendo para no entristecer al Espíritu Santo lo cual se puede ver desde diferentes puntos de vista:

> **Apagar al Espíritu Santo**

1 Tesalonicenses 5:19 No apaguéis al Espíritu.

- Apagar (griego significa extinguir, literal o figurativamente apagar).

> **Contristar al Espíritu Santo**

Efesios 4:30 ...y no contristéis al Espíritu Santo de Dios, con el cual fuisteis sellados para el día de la redención.

✓ Contristar (griego lupéo significa afligir, estar triste, angustiar, causar tristeza, molestia, dolor).

➢ **Mentir al Espíritu Santo**

Hechos 5:3 Pedro dijo: Ananías, ¿por qué ha llenado Satanás tu corazón para mentir al Espíritu Santo, y sustraer parte del precio del terreno?

✓ Mentir (griego pseudomai que significa pronunciar una falsedad o intentar engañar mediante falsedad, mentir)

➢ **Tentar al Espíritu Santo**

Hechos 5:9 Entonces Pedro le dijo: ¿por qué os pusisteis de acuerdo para tentar al Espíritu del Señor?

✓ Tentar (griego peirázo que significa incitar, provocación, examinar, tentar).

➢ **Resistir al Espíritu Santo**

Hechos 7:51 ¡Duros de cerviz e incircuncisos de corazón y de oídos! Vosotros resistís siempre al Espíritu Santo; como vuestros padres, así también vosotros.

✓ Resistir (griego antipipto que significa oponerse, resistir).

➢ **Blasfemar contra el Espíritu Santo**
Mateo 3:29 ...pero cualquiera que blasfeme contra el Espíritu Santo no tiene jamás perdón, sino que es culpable de pecado eterno.

LA IMPORTANCIA DEL TEMA

Por eso Dios deja claramente en la Biblia que consideres el no darle espacio a la iniquidad:

- ✓ **Deuteronomio 5:9 (LBA)** "No los adorarás ni los servirás; porque yo, el SEÑOR tu Dios, soy Dios celoso, **que castigo la iniquidad de los padres sobre los hijos, y sobre la tercera y la cuarta** *generación* **de los que me aborrecen**...

- ✓ **Éxodo 20:5 (LBA)** No los adorarás ni los servirás; porque yo, el SEÑOR tu Dios, soy Dios celoso, **que castigo la iniquidad de los padres sobre los hijos hasta la tercera y cuarta** *generación* **de los que me aborrecen**...

- ✓ **Éxodo 34:7 (LBA)** ...el que guarda misericordia a millares, el que perdona la iniquidad, la transgresión y el pecado, y que no tendrá por inocente *al culpable* ; **el que castiga la iniquidad de los padres** sobre los hijos y sobre los hijos de los hijos hasta la tercera y cuarta generación.

✓ **Números 14:18 (LBA)** "El SEÑOR es lento para la ira y abundante en misericordia, y perdona la iniquidad y la transgresión; mas de ninguna manera tendrá por inocente *al culpable* ; *sino* **que castigará la iniquidad de los padres sobre los hijos hasta la tercera y la cuarta** *generación* ."

✓ **Jeremías 32:18 (LBA)** ...que muestras misericordia a millares, pero **que castigas la iniquidad de los padres en sus hijos después de ellos**, oh grande y poderoso Dios, el SEÑOR de los ejércitos es su nombre...

La expresión que se repite en todos estos versículos es la siguiente: ... **el que CASTIGA la iniquidad de los padres sobre los hijos y sobre los hijos de los hijos hasta la tercera y cuarta generación.**

La palabra que dejé sobre marcada y con letras mayúsculas, **CASTIGA**, en el idioma hebreo, según los diccionarios que lo tradujeron, dice de la siguiente manera:

H6485 paqad

Un verbo que significa asistir, **visitar** *y buscar. La palabra se refiere a alguien (generalmente Dios) que presta atención a las personas, ya sea para hacerles bien o para castigarlas o dañarlas. La palabra también significa, generalmente en forma causal, nombrar o comprometerse, es decir,* **hacer que las personas atiendan algo puesto bajo su cuidado.** *-* **(TCWS).**

Trasladado al idioma griego, es una supervisión; dicho en otras palabras, lo que Dios hace es visitar en tu espíritu, en tus ancestros para ver si verdaderamente estás en la línea correcta, para ver si tienes la disposición de hacer una kenosis total con el propósito de desechar por completo la iniquidad que hayas heredado de tus ancestros, lo cual incluye a tus padres, abuelos, bisabuelos, etc.

También debes saber que la kenosis una vez realizada, necesitas cuidar que no haya nuevamente una llenura de iniquidad, sino por el contrario, si te vacías del mal, es para llenarte de la presencia de Dios y una vez que lo hayas conseguido, debes esforzarte por mantener ese estado, ese nivel, tanto de vacío del mal como de llenura de Dios; no es que si lo hiciste una vez se quede ahí como quien deja algo por un lugar y de pronto se empolva y después solamente se le pasa un sacudidor y ya está limpio; no es así. Debes estarte cuidando constantemente porque el adversario anda como león rugiente viendo a quién devorar, viendo quién se descuida para llenarlo de tinieblas nuevamente.

Por eso, cuando Dios llega a tu vida para supervisar qué es lo que estás haciendo y ve tu esfuerzo por vaciarte de iniquidad; pone a tu disposición lo que necesites a favor de alcanzar tu meta, porque después de un tiempo volverá a medir si estás igual o más lleno de El, porque Dios no tiene límite, si te llenas hoy, mañana hay más; de ti depende si lo tomas o lo dejas pasar; esto sin considerar que también pueden haber más cosas de las cuales debes seguirte vaciando para lo cual es necesario que haya una comunión íntima con Dios para que te las revele y que entonces actúes sobre lo que te muestre con el propósito de vaciarte de todo lo negativo para que no heredes a tus descendientes con maldición sino con bendiciones.

3.- La kenosis del creyente quitando los obstáculos o pesos

Efesios 4:31 Sea quitada de vosotros toda **amargura, enojo, ira, gritos, maledicencia**, así como toda malicia.

(NT BAD) Arrojen de ustedes las amarguras, los enojos y la ira. Las disputas, los insultos y el odio no han de hallar cabida en sus vidas.

Debes hacer un inventario en tu vida para determinar si hay uno de esos 5 pesos que describe este versículo, y al detectarlo entonces hacer una kenosis total porque de otra forma, si quedan vestigios de una sola cosa, puede llevarte a otra peor, por ejemplo, si no haces algo por desarraigar de ti la amargura, eso puede dar paso a la rebelión; esto es tan cierto que, cuando investigas en los diferentes diccionarios, resulta que la palabra rebelión y amargura, son el significado del término hebreo que se pronuncia **MARAH (G4784)**.

La Evolución Del Espíritu De Amargura

✓ **Receptor de amargura**
Viene a ser el receptor que envía señales para que vengan otros males como la victimización.

✓ **Bloquea el crecimiento espiritual**
La amargura es un obstáculo y un impedimento para crecimiento espiritual.

✓ **Se vuelve una raíz**

Retrasa el proceso de restauración, dando lugar a problemas significativos a largo plazo (**Hebreos 12:15**).

✓ Inicia lo autodestructivo

Da lugar a comportamientos como la posesividad, la manipulación emocional, la violencia, entre otros.

✓ La autolesión

Es un signo de odio para sí mismo, y es mental y físicamente destructivo en todos los sentidos.

La kenosis de la amargura te libra de su esfera

¿Qué hay en la esfera de la amargura?

1. Tristeza
2. Aflicción
3. Angustia
4. Abatimiento
5. Desánimo
6. Desaliento
7. Depresión
8. Rebelión
9. Amargura
10. Muerte

4.- La kenosis del creyente

Aquí hay una lista de kenosis a practicar en tu vida:

1. Kenosis de la ira: Hechos 9:1
2. Kenosis del miedo: Lucas 8:37
3. Kenosis de adulterio: 2 Pedro 2:14
4. Kenosis de odio: Ezequiel 35:11
5. Kenosis de injusticia: Romanos 1:29
6. Kenosis de maldad: Romanos 1:29
7. Kenosis de avaricia: Romanos 1:29
8. Kenosis de violencia: Miqueas 6:12
9. Kenosis de engaño y/o mentiras: Hechos 13:10

La Kenosis De La Evolución Del Celo Carnal

Este proceso también es de suma importancia que lo consideres en tu vida porque de lo contrario puede evolucionar:

1. Es obra, deseo, apetito y fruto de la carne – **Gálatas 5:19**.
2. Se convierte en celos amargos – **Santiago 3:14**.
3. Después pasa a ser celos pecaminosos – **Santiago 3:16**.
4. **Luego vienen los celos sabiduría diabólica – Santiago 3:15.**

5. Después se convierte en espíritu de celo – **Números 5:14**.
6. Para llegar finalmente a la celopatía – **Proverbios 6:34-35**.

Solamente para que veas lo lamentable de esta situación, en el numeral 4 que está resaltado; la persona que ha llegado a ese nivel, asegura situaciones de celos porque su imaginación está tan contaminada que se cree lo que piensa aunque solamente esa persona lo vea; peor aun, se atreven a decir que Dios se los ha revelado, cuando la realidad es otra.

La Evolucion Del Espíritu De Celo

✓ Afectar la mente
Penetra y desde allí ejerce influencia en el comportamiento hasta crear un desorden total en la personalidad.

✓ Se inician las ideas delirantes
Es progresiva y con el paso del tiempo se convierte en una situación más fuerte.

✓ Las etapas de las imaginaciones
Sufre de etapas en las que puede visualizar o imaginar a su pareja en plena infidelidad.

✓ Comportamiento fuera de control

Aunque no se tengan pruebas sobre la infidelidad, los celos siguen surgiendo a través de ciertas emociones y acciones, tenga o no sentido.

✓ Se inician las agresiones
Las actitudes son violentas contra la persona a la que van dirigidos los celos.

✓ Inicia el control
A menudo se sienten abandonados y con baja autoestima.

Cada uno de los puntos aquí descritos, son parte de las cosas que debes despojarte, vaciarte; como puedes ver, quizá el deseo y la intención es muy grande, pero no es tan fácil como decirlo porque puede haber en tu alma algo que esté muy escondido, quizá sea muy evidente, pero por esa misma razón es que no lo puedes detectar, consecuentemente no puede haber un vaciamiento sino hasta que lo has detectado puntualmente.

MÁS QUE VENCEDORES

El término que aparece en la Biblia haciendo referencia a más que vencedores, solamente en la Biblia y bajo la revelación del Espíritu Santo puedes comprender cuán profundo es su significado, porque lo que algunos diccionarios seculares dicen es que hubo alguien que venció más de un obstáculo, pero no deja de señalar a una persona que lo haya hecho. Sin embargo cuando ves entonces lo que esto significa en la Biblia, puedes comprender que no hiciste nada para llegar a ser más que vencedor, porque alguien que lo puede todo, lo hizo por ti sin que hicieras algo para merecerlo.

Cuando llegas a completar la kenosis, porque como pudiste ver, no es solamente de una cosa, sino que, debes estar en constante vaciamiento de las cosas negativas en tu vida y en su lugar pedirle a Dios que llene tu vida con Su presencia; de tal manera que así es como estás otorgando el más que vencedores a tus descendientes, porque ellos tendrán el privilegio de estar limpios de herencias negativas, sin haber hecho nada, sino que tú detuviste esa herencia de maldición para creerle a Dios las bendiciones que encontrarías en una total y verdadera kenosis.

Las batallas que puedas estar librando no son solamente en pos de tu persona, sino de los que vienen detrás de ti, no solamente en lo físico, sino en lo espiritual. Las batallas que has tenido, las heredaste porque nadie pudo detener ese proceso en el pasado, sea por falta de conocimiento o por lo que sea, pero nadie tomó esa responsabilidad sino hasta que fuiste destinado por la voluntad de Dios para deshacer todo aquello que el enemigo estuvo manipulando para destruirte y que tus descendientes no tuvieran ninguna oportunidad.

Pero entonces resulta que Dios te llamó y respondiste: heme aquí... a partir de ese momento has estado en una constante preparación de guerrero en la palestra espiritual con una kenosis implícita para bendición de tus descendientes. Dios te escogió porque quizá muchos te vieron como lo vil y menospreciado del mundo, nadie quiso dar nada por ti, por eso Jesús lo dio todo por amor y te activó para que haya una verdadera kenosis por amor a los que vienen detrás de ti para que un día les puedas decir: ustedes son más que vencedores... no por ti, sino por el amor del Señor Jesucristo en ti y que por haber obedecido a Su llamamiento, te convertiste en vaso de honra en Sus manos para beneficio de tus descendientes al practicar la kenosis que hoy has aprendido.

Quizá un día tus descendientes sepan de todo lo que hoy estás haciendo en pos de su beneficio, o quizás no lo sepan, pero lo que si debes saber es que podrás ver el cambio que ellos experimentarán gracia a que Dios te alcanzó para iniciar el cambio de vida, no solamente en ti, sino en ellos y ellas también, me refiero a tus descendientes. Por tu kenosis en amor a Dios, los que salgan de tus lomos no tendrán que padecer lo que tu padeciste, y sabrán ser agradecidos con Dios porque sus genes estarán limpios porque los tuyos también lo estarán..

Los Labradores De Los 7 Adanes

Capítulo 3

Cuando te refieres al término plural de un género, tácitamente estás diciendo que hay más de uno de ese mismo género, pueden existir muchos antes de llegar al último; lo mismo sucede con Adán, surge el primero, después surgen otros personajes que, aunque no se llamaron igual, de alguna manera tuvieron una tardea delegada por Dios para que fueran considerados del grupo de los adanes hasta que finalmente llega el postrer Adán, me refiero al Señor Jesucristo del cual muchos han dicho que es el segundo Adán, sin embargo, si la Biblia lo refiere como el postrer, significa que entre el primero y el postrer, hubo varios, de otra manera la Biblia diría el segundo Adán, no el postrer, además al decir postrer, implícitamente está diciendo que no hay otro después.

Lo interesante es que cada uno de estos adanes que hoy vas a aprender, tuvieron una tarea de labradores, un oficio que Dios Padre le delegó al primer Adán, aunque hoy día puedo decir que siendo ministro de Dios, también podría ser considerado como un labrador, aunque soy hijo de Dios como tú, también tengo el privilegio de ser un labrador de parte de Dios que, en Su nombre hago la tarea que me ha encomendado para edificar Su Iglesia, la cual también es considerada como los pámpanos de la vid, siendo el Señor Jesucristo la vid verdadera como está escrito.

Pero entonces el punto al que quiero llegar con esto es que, un labrador tiene su trabajo de hacer hoy una actividad en beneficio de algo; en este caso la Iglesia, mañana será otra actividad que se irá añadiendo a la anterior y así sucesivamente hasta que sea Dios el que perfeccione la obra en ti.

Empezaré entonces con la cita bíblica que utilizaré como base para el desarrollo de lo que te enseñaré en este capítulo:

Juan 15:1-2 Yo soy la vid verdadera, y mi Padre es el **labrador**. 2 Todo sarmiento que en mí no da fruto, lo quita; y todo el que da fruto, lo poda para que dé más fruto.

Observa cómo tradujeron otras versiones de la Biblia el mismo versículo:

(ERV) Jesus said, "I am the true vine, and my Father is the gardener.

(TLA-D) Jesús continuó diciendo a sus discípulos: Yo soy la vid verdadera, y Dios mi Padre es el que **la cuida**.

Viñador: El labrador, el agricultor, el que cuida, el jardinero.

Esto me deja ver entonces que el trabajo de labrador, es un oficio del Padre de los espíritus, del creador de todo. Por supuesto que para llegar a ser un labrador, se requiere de algunas características muy particulares:

- ✓ **Responsabilidad:** debo hacerlo por mi cuenta, con iniciativa.

- ✓ **Entendimiento:** tener claro por qué hay que hacerlo y cómo hacerlo.

- ✓ **Decisión:** mi trabajo debe tener buenos resultados si lo hice correctamente.

Entonces, todo jardinero o labrador tiene la responsabilidad de hacer una buena plantación o todo lo que conlleve su trabajo como jardinero, como lo dice una traducción de la Biblia; pero más interesante aún, es el hecho que Dios siempre ha utilizado labradores, jardineros o viñadores y en la medida que hagan su trabajo de acuerdo a los lineamientos que Dios les haya entregado, obtendrán un buen resultado.

Pero realmente no es una idea humana, sino que, cuando estudias la Biblia puedes ver que eso es lo que sucedió desde el principio, desde que Dios decide poner al hombre en el huerto o jardín del Edén, y lo hizo de esa manera con el propósito de que hubiera una restauración, siendo así entonces la primera restauración que tuvo lugar, como consecuencia de lo que se conoce como la rebelión luciferina, obviamente que tendría que referirme a muchísimas más cosas, pero creo que puedo hacer referencia entonces a que en el libro que escribí acerca de **El Misterio De La Iniquidad**, está muy ampliamente explicado ese punto.

Entonces resulta que, a raíz de la rebelión que hubo con la creación antes que surgiera Adán, llega este personaje para reconquistar lo que se perdió, porque Dios tenía un plan creacional desde el momento en que El decide empezar a crear, no estoy diciendo que eso sucede a partir de cuando nace Dios, sino que, del momento en que inicia con la creación de todas las cosas. Partiendo de esto debes saber que el inicio de la creación no comienza con el hombre, en realidad lo que sucedió con el hombre que pusieron en el huerto fue que, vino a sustituir a la creatura que habían puesto en el huerto del Edén y que en determinado momento se rebeló contra Dios.

Parte de la historia de esa creatura la puede ver cuando estudias el libro del Profeta Ezequiel capítulo 28:

Ezequiel 28:13 (LBA) 'En el Edén estabas, *en* el huerto de Dios; toda piedra preciosa era tu vestidura: el rubí, el topacio y el diamante, el berilo, el ónice y el jaspe, el zafiro, la turquesa y la esmeralda; y el oro, la hechura de tus engastes y de tus encajes, estaba en ti. El día que fuiste creado fueron preparados.

Es muy interesante cómo se explica la Biblia bajo la guianza del Espíritu Santo porque, entre **Génesis 1:1** y **Génesis 1:2** existe una gran explicación que se puede obtener partiendo de **Ezequiel 28:12** en adelante; por eso dice en **Génesis 1:2** que la Tierra estaba desordenada y vacía, fue por la rebelión que Luzbel levantó en contra de Dios.

Pero el punto entonces es que Dios pone a Adán en el huerto para que continuara con lo que ya había planificado; de esa misma manera siguió trabajando y levantando otros hombres que fueron considerados como el siguiente Adán para que recuperarán lo perdido y que continuaran el plan de Dios.

Los Labradores De El Padre: Los Adanes

Los adanes fueron los enviados y encargados, a los diferentes sistemas o épocas con el propósito de realizar el plan de Dios el cual fue entonces, reconquistar la Tierra para El.

✓ Por eso es que cuando Dios crea a Adán, no fue su nombre propio como tal, sino el nombre de una creación con propósitos debidamente definidos.

✓ Fueron varios Adanes, sucediéndose unos a otros al no tener éxito en su misión.

✓ De tal manera que el Adán siguiente, debía reivindicar al anterior o anteriores que no alcanzaron la plenitud que Dios deseaba de ellos.

LOS 7 ADANES

Quiero hacer mención nuevamente de la cronología de los adanes a los cuales me estoy refiriendo, con el propósito que la enseñanza sea más productiva:

1. **Adam - Creación Hombre:** Sin experimentar la división (masculino y femenino). Fue un ser inteligente, su objetivo era reconquistar y repoblar la Tierra para Dios, a causa de la rebelión que en ella existía - Génesis 1:1, Génesis 1:27-28.

2. **Adam - Adán y Eva**: Su objetivo era desarrollar el programa de la expansión del

reino de Dios en la Tierra – Génesis 2:15 -, pero al ser engañados por la serpiente, pecaron y como consecuencia fue maldita la Tierra y expulsados del Edén - Génesis 2:7.

3. **Adam - Set-Adán**: Su nombre significa compensación, fue el que compensó la muerte de Abel y llegó a ser otra simiente, otro Adán, y se empezó a invocar el nombre de Dios nuevamente - Génesis 4:25-26.

4. **Adam - Noé-Adán**: Era perfecto en sus generaciones – Génesis 6:9. Se le da la tarea de repoblar la Tierra Génesis 9:1.

5. **Adam - Abraham-Adán**: Se le da la promesa de una simiente terrenal y una simiente celestial - Génesis 22:17. Ofreció a su hijo unigénito en sacrificio, como figura del Padre celestial, al dar a su Hijo Jesucristo.

6. **Adam - Israel-Adán**: Dios toma para sí un pueblo escogido, que debería llegar a ser el pueblo representante de Dios sobre la Tierra ante las demás naciones; pero amaron más las tinieblas, se rebelaron y son destituidos – Génesis 46:3, Romanos 1:1.

7. **Adam - Jesucristo-postrer Adán**: En Él se lleva a cabo la obra de reivindicación de todos los anteriores y la obra de redención completa - 1 Corintios 15:45.

La característica de los adanes es que tienen la misma bendición, la misma comisión de reconquistar la Tierra para Dios.

Debo insistir por su importancia en señalar que, no se dice del Señor Jesucristo, el segundo Adán o el tercer Adán, etc., sino el postrer Adán, o sea, el último Adán, es entonces donde la Iglesia de Cristo hereda la misma bendición y comisión de parte de Dios, con la diferencia que el Edén eres tú, a la misma vez que eres el labrador, de tal manera que el Espíritu Santo te guía para la labranza que debes realizar en tu vida, pero ahora no viendo el ejemplo de los adanes anteriores, sino que tienes el mejor ejemplo en la vida del Señor Jesucristo.

Por eso, debes considerar que, si bien es cierto la obra es de Dios, también tienes que ser diligente cuando Él te encomiende algo porque si no puedes conducir tu vida adecuadamente, ¿cómo lo harás si te llama a trabajar a Su obra, a pastorear una congregación?

Recuerda que Jesús derramó Su sangre divina en la cruz del calvario para que fueras libre de las tinieblas, eras de El y te vuelve a comprar, le perteneces y como tal debes vivir en santidad y con temor reverente a Dios porque te dejó un buen ejemplo de haberse despojado, haber practicado la verdadera kenosis, y vivir como siervo y como hombre, pero sin pecado; El es el ejemplo a seguir y no los hombres de la Tierra, claro que el Apóstol Pablo dijo que lo imitaran a él, en lo que imitaba a Cristo, pero el parámetro es Jesús.

El Oficio De El Padre

Labrador

Juan 15:1 Yo soy la vid verdadera, y mi Padre es el viñador.

(RV1995) "Yo soy la vid verdadera" y mi Padre es el labrador.

Ser un labrador es una acción personal y manual, con mucha dedicación.

Génesis 2:8 Y **plantó el SEÑOR Dios** un huerto hacia el oriente, en Edén; y puso allí al hombre que había formado.

Génesis 2:15 Entonces el SEÑOR Dios tomó al hombre y lo puso en el **huerto del Edén**, para que **lo cultivara y lo cuidara**.

- ✓ Con esto puedes ver entonces que fue Dios quien plantó el huerto, no fue el hombre, y si lo plantó fue porque lo hizo con Sus manos, no lo creó como creó el cielo y la Tierra; si lo hizo con Sus manos, fue Su propio diseño no del hombre, es como decir entonces que el diseño del huerto es celestial.

- ✓ Cuando aceptas ser labrador de Dios, estás aceptando la tarea de reconquistar para producir porque el huerto es de Dios, hecho bajo Su propio diseño, por consiguiente debes continuar con lo que El ya estableció, de otra manera estarás cayendo en humanismo.

- ✓ La palabra plantar lleva la idea de traer algo de afuera y plantarlo en un lugar específico.

- ✓ De tal manera que el huerto es un diseño de Dios, es un diseño celestial y por eso es que El usó adanes para recuperarlo y que ellos fueran labradores para que lo trabajaran de nuevo como jardineros.

Ahora bien, tú eres un huerto de Dios que debes esforzarte por mantener el diseño que El plantó el cual es celestial; por eso es que Dios Padre envía a Dios Hijo, el postrer jardinero, el postrer Adán para que te cultive de acuerdo al diseño divino con el propósito que, siendo el huerto de Dios, entonces empieces a producir fruto agradable a Dios, pero también te conviertas en un jardinero divino para poder trabajar en Su obra.

Génesis 2:9-10 Y el SEÑOR Dios hizo brotar de la tierra todo árbol agradable a la vista y bueno para comer; asimismo, en medio del huerto, el árbol de la vida y el árbol del conocimiento del bien y del mal. **10** Y del Edén salía un río para regar el huerto, y de allí se dividía **y se convertía en otros cuatro ríos**.

Nota que los árboles eran de aspecto agradables y su fruto bueno para comer, por eso es que tú siendo un huerto espiritual de Dios, también debes dar buenos frutos y que entonces se cumpla lo escrito en el libro Cantar de los Cantares cuando dice: ...venga mi amado a Su huerto y coma de Su dulce fruto... cuando Dios desee comer de tus frutos, será porque son agradables a El.

Recuerda que eres obra de Dios y que hay cosas dentro de ti que solamente el Espíritu Santo las podrá desarraigar una vez que te dispongas totalmente a que El lo haga; sin embargo, también existen cosas que no las quitará, sino que dependerá de la kenosis que estés dispuesto a realizar en tu vida, un vaciamiento de todo aquello negativo que debe haber, una disposición en ti para que haya una total limpieza en tu vida.

Colosenses 3:8 (LBA) Pero ahora **desechad también vosotros** todas estas cosas: ira, enojo, malicia, maledicencia, lenguaje soez de vuestra boca.

Este versículo es un buen ejemplo de las cosas que debes desechar de tu vida; ciertamente Dios derramará gracia sobre ti y solamente por Su misericordia podrás llegar al perfeccionamiento que desea ver en tu vida; pero hay una marca que debes alcanzar porque harás lo posible y El lo imposible; siempre hay una parte que es posible, que es alcanzable por tu esfuerzo sabiendo que es la forma en la que agradarás el corazón de Dios; es como un examen que te servirá a ti mismo para saber que estás haciendo bien el trabajo que El te encomendó en el huerto que eres para Dios.

EL PRIMER RÍO

Génesis 2:11-12 El nombre del primero es **Pisón**; éste es el que **rodea** toda la tierra de Havila, **donde hay oro**. [12] El oro de aquella tierra es bueno; allí hay **bedelio y ónice**.

Es interesante que este río rodeaba el huerto para protegerlo.

Rodea: H5437 sabáb significa: raíz primaria; rodear, circundar, o borde; usado en varias aplicaciones, lit. y figurativamente (como sigue):- , andar alrededor, amurallar, apartar, cercar, girar.

¿Qué hay en ese río?

1. **Oro**: provisión material, habla de la naturaleza de Dios con la que debes permanecer en unidad.

2. **Bedelió**: sirve para sanar, es una resina (goma) de árbol, habla de recursos de sanidad y también era usada para hacer perfumes.

3. **Ónice**: piedras preciosas, igual a dones y capacidades.

El río Pisón H6376 viene de H6335.

Pero además de eso, resulta que el nombre de ese río significa: **incremento**, multiplicarse, provisión divina.

Eso significa que mientras estás trabajando en el huerto, Dios te proveerá, primero de las cosas celestiales, espirituales, así como de las materiales. También debes considerar que una técnica de todo buen jardinero, es la poda porque necesita que se vaya limpiando lo que deja de servir, para que surja lo nuevo, de otra manera, cuando no se poda una rama, ahí es donde se desvían los recursos biológicos, los nutrientes, la sabia.

De tal manera que cuando se desvían los recursos a una rama que no está fructificando, las que lo están haciendo adecuadamente, se están quedando sin la debida nutrición y consecuentemente el fruto deja de ser de la misma calidad.

Cuando hay algo que desvía los recursos, llega el tiempo de la escases y no produces los frutos que Dios desea ver en ti.

¿Por qué mucha de la Iglesia de Cristo tiene batallas de escases, cuando hay promesa de Dios?

Cuando hay carencia de ese cumplimiento en relación a que no te hará falta nada, es porque hay algo dentro de ti que está desviando los recursos. Dios te ha enviado la provisión, pero por falta de sabiduría quizá, no has podido desechar aquello que te está produciendo un trabajo en vano.

Dios te provee de todo cuanto necesites, pero en ti está también el hecho de saber cómo administrarlo; primero debes recordarte de honrar a Dios con los diezmos y ofrendas, luego siendo diligente, debes saber cuáles son tus prioridades y pidiéndole al Espíritu Santo que te guie en todo momento, caminar creyendo que si El te lleva de la mano, vas por el buen camino.

Además recuerda que escrito está, que la gloria postrera será mejor que la primera; si los adanes que te antecedieron, hicieron hazañas y Dios lo bendijo; cuánto más lo hará contigo en cumplimiento de Su palabra porque eres parte del postrer Adán y si eres parte de El, entonces tienes Sus cualidades, tienes dones que puso en ti desde antes que vinieras a la Tierra, lo único que debes hacer es permitirle al Espíritu Santo que te los active por medio de Sus delegaciones; pero debo insistir en que, por eso son necesarias las podas, para que aquello con lo que has venido equipado a la Tierra, surja sin que haya impedimentos.

EL SEGUNDO RÍO

Génesis 2:13 Y el nombre del segundo río es **Gihón**; éste es el que rodea la tierra de Cus.

El río Gihón H1521 viene de H1518.

Básicamente entonces significa río del paraíso, pero por su raíz también se puede interpretar como:

1. Borbotar como aguas, aguas que saltan, aguas vivas, estanque.

2. Representa: el río de Dios que hace fluir en Su presencia.

Como puedes ver, Dios te provee de lo que necesites para que puedas cuidar del huerto de tu vida, de tal manera que ante la presencia de Dios, en medio de un ambiente que esté sediento de Su conocimiento, solamente ha de quedar un camino: **fructificar de acuerdo a Su voluntad**.

EL TERCER Y CUARTO RÍO

Génesis 2:14 Y el nombre del tercer río es **Tigris**; éste es el que corre al oriente de Asiria. Y el cuarto río es el **Eufrates**.

1. **Río Hiddekel o Tigrís H2313**: rápido, se refiere a brotar una rápida recuperación.

Isaías 58:8 Entonces tu luz despuntará como la aurora, **y tu recuperación brotará con rapidez**; delante de ti irá tu justicia; y la gloria del SEÑOR será tu retaguardia.

A veces necesitarás de un cambio en tu vida, pero que sea radical y pronto; quizá que te levante la salud, la economía, la comunicación con los demás, etc. Si estás enfocado en agradar a Dios y eso involucra un cambio en tu vida; El te proveerá de eso que tanto deseas porque verá que todo lo que pides es para que Dios tenga contentamiento en todo lo que haces porque lo haces por El y para El en amor.

2. **Río Eufrates H6578**: abrirse paso, correr, viene de H6509.

Aumentar, crecer, fértil, fructífero, fructificar, dar fruto, multiplicar, producir, retoñar.

Estos últimos 2 ríos son los que existen al día de hoy, pero no producen su significado sin los 2 anteriores espiritualmente hablando. Mucha gente sólo desea estos 2 últimos, sin las 2 acciones delegadas de Dios. Muchos quieren que el Señor les levante su ministerio de una forma inmediata, pero no se comprometen con El en buscarlo ni caminar en santidad, menos aún el hecho de tener la disposición de poder hacer en su vida una constante kenosis verdadera de todas las cosas negativas que no son del agrado de Dios, porque al final la palabra de Dios no dejará de cumplirse:

Mateo 15:13 (LBA) Pero El contestó y dijo: Toda planta que mi Padre celestial no haya plantado, **será desarraigada**.

En el siguiente capítulo ampliaré más, parte de todo este proceso, pero en este punto considero necesario explicar lo siguiente:

El Huerto y Su Significado

- ✓ El huerto es lo que el Padre ofrece como un lugar ideal donde pueden pasar muchas cosas significativas para tu vida.

- ✓ El huerto representa el mejor lugar para comenzar la vida.

- ✓ El lugar con los mejores recursos para la vida.

- ✓ El lugar con las mejores condiciones.

- ✓ El huerto te habla de las condiciones para el desarrollo.

- ✓ Para las condiciones del crecimiento.

- ✓ Es ideal para la maduración.

- ✓ Óptimo para la producción de la generación venidera, es decir equipamiento.

LA RECOMPENSA DE EL PADRE

Cuando te conviertes en labrador o jardinero del huerto, generas Su beneplácito, es decir le agradas con tu vida.

- ✓ Te vuelve fértil, fructifica tu vida.

- ✓ Tendrás de parte de Dios los recursos espirituales, materiales, emocionales y celestiales a tu disposición.

La recompensa será provisión de sanidad, sustento espiritual y físico, expansión en todos los ámbitos, etc.

El Ciclo de La Vid

Juan 15:5 (RV 1960) Yo soy la vid, vosotros los pámpanos; el que permanece en mí, y yo en él, éste lleva mucho fruto; porque separados de mí nada podéis hacer.

Debes ubicarte entonces en el lugar que te corresponde como un pámpano, y saber que siendo parte de la vid, tendrás tu proceso:

La poda

- ✓ Se elimina el exceso de ramificaciones que están desviando los recursos, a fin de mejorar su rendimiento. Sin la poda no se llega a la faceta de la madurez.

✓ La razón de la poda es apartar y cortar las ramas que no son fructificas.

✓ Podar es cortar las ramas que están perdiendo la energía, el tiempo, la nutrición, la fuerza, etc.

✓ Es decir que en ti pueden haber cosas que te están llevando a perder el poder de la fructificación:

➤ Tiempo: podar las ramas que desvían tu tiempo.

➤ Energía: podar las ramas que desvían tu energía.

➤ Dinero: podar las ramas que desvían tus recursos económicos.

➤ Salud, crecimiento, madurez, espiritualidad, santidad etc., podar las ramas que desvían todas estas cosas.

➤ La poda de la rama infructífera, y/o lado no fructífero y área sin frutos, es la que te está desviando la energía, la savia, la nutrición biológica que se necesita para todas las ramas o áreas de tu vida.

Lloro de la savia

Primera señal externa de actividad, es donde la savia empieza a brotar por los cortes de la poda, es como una lágrima en los cortes, por eso se le dice lloro, lo cual viene después de la poda. Por eso, cuando se quitan las cosas de tu vida, aquello que se hizo costumbre pero solamente representa un estorbo, de pronto Dios permite que te sea quitado en medio de una poda y puedes llorar por la misma razón que estabas muy acostumbrado a eso que incluso lo sentías parte de ti.

A veces son personas que sin ser tus familiares, los llegaste a tener tan cerca que, creíste que eran parte de una bendición, cuando la realidad es que solamente te estorbaban el crecimiento, hasta que llega el momento en que Dios decide que sea una poda de personas por amor a ti, llorarás porque es lo natural, pero luego vendrá un tiempo mejor.

El nuevo brote

Aparecen nuevos tallos y se manifiestan la presencia de las primeras hojas.

Floración

Se manifiesta la presencia de pequeñas flores responsables de fecundar el fruto.

Cuajado

Aparecen pequeños granos verdes llenos de clorofila que representa el fruto (la uva).

Envero

Los granos verdes empiezan a crecer y a cambiar de color según el varietal.

Madurez

El fruto continúa creciendo continuamente perdiendo acidez e incrementando sus azucares.

Caída

Finaliza el ciclo productivo anual de la vid y tras la llegada del invierno, pierde sus hojas y empieza nuevamente el proceso hacia algo mejor cada vez.

Lleva en tu corazón que, en Dios, no hay una vida estacionaria; por eso te ha ministrado vida abundante porque vas de gloria en gloria, de aumento en aumento para agradar el corazón de Dios cada vez más, pero para eso es necesario que el cambio surja desde tu ADN para que la base de lo que haces de parte de Dios, tenga una base totalmente sólida y que, sin importar los vientos que puedan llegar a tu vida, permanecerás en pie en el nombre de Jesús porque habrás peleado precisamente desde tu ADN por amor a Dios.

En el capítulo anterior empecé a enseñarte a este respecto, aunque describí brevemente lo que fue considerado como los 7 adanes, obviamente desde el primero que fue considerado como tal, hasta el postrero, de tal manera que si existe el primero y el postrero, es porque hubo varios entre uno y el otro. Esto es uno de los puntos en los que quizá he insistido por lo importante que es y que en determinado momento ha creado confusión en la Iglesia de Cristo creyendo que el postrer Adán fue el segundo, cuando la realidad es otra.

Ahora te enseñaré el punto más directo de lo que se refiere la Biblia cuando habla de Adán, aunque para eso, tomaré algunos puntos que ya describí, con el propósito que puedas hilvanar adecuadamente lo más importante del capítulo anterior, aunque todo es importante, siempre habrá algo que resalta en relación a lo que voy a vincular en este capítulo.

Uno de los puntos que quiero traer a tu memoria es que, las palabras hebreas que son consideradas para que terminen con lo que conoces como la letra **M**, conlleva el sentido que se está refiriendo a que su número es plural y no singular, de tal manera que al examinarlo a profundidad, puedes notar que su escritura hebrea, específicamente en ese nombre y con sus reglas gramaticales, es Adam, como diciendo que no es el único, sino que son varios. Aunque también debes saber que en su momento, aquella creación correspondía a un tiempo específico y que posteriormente llegarían los demás.

Esto es importante entonces, porque Dios inicia con la creación humana, en un punto específico de la Tierra al cual Él le llama, el huerto del Edén; no lo diseminó por toda la Tierra como fue después, sino que fue puesto en forma puntual en el huerto del Edén para asignarle una tarea, la cual era de ser el labrador de aquel lugar, el jardinero del huerto del Edén.

Ahora describiré nuevamente el versículo base que utilicé en el capítulo anterior y que es también para este capítulo:

Juan 15:1-2 Yo soy la vid verdadera, **y mi Padre es el labrador**. ² Todo sarmiento que en mí no da fruto, lo quita; y todo el que da fruto, lo poda para que dé más fruto.

¿Qué significa ser un labrador?

Básicamente es una acción personal que se realiza de forma manual, es así como se identifica Dios Padre en el momento que crea porque se toma el tiempo necesario haciéndolo manual, no obstante que Su palabra tiene poder, o simplemente El piensa en hacer algo y las cosas se hacen, pero por lo que deja ver la Biblia, con el oficio que El mismo toma como labrador, se toma el tiempo para crear con Sus manos y que entonces de esa manera Su creación tenga un modelo a seguir viendo cómo lo hizo Dios.

Génesis 2:8 (LBA) Y plantó el SEÑOR Dios un huerto hacia el oriente, en Edén; y puso allí al hombre que había formado.

Esto puede darte la idea entonces que Dios plantó el huerto, no fue creado como puedes ver que hizo con toda la demás creación; para darme a entender, puedo decir que de lo que ya había creado, tomó elementos para plantar el huerto.

- ✓ La palabra plantar lleva la idea de traer algo de afuera y plantarlo en otro lugar.

- ✓ De tal manera que si el huerto es un diseño de Dios, entonces es un diseño celestial que no debe ser cambiado por nada ni por nadie, en caso contrario habrá consecuencias porque es como pretender corregir a Dios de lo que El ha hecho. Dicho en otras palabras, Adán no tenía que complicarse con nada cuando lo pusieron en el huerto, simplemente ya estaba hecho el modelo a seguir y tenía instrucciones a las que debía sujetarse.

El punto entonces es que, si Dios estableció el perfecto diseño en el huerto, no había nada que cambiarle y dentro de todo lo que continuó creando, de pronto creó quién se lo cuidara, quién le diera seguimiento a lo que El ya había ordenado.

Debo insistir en esto: siendo la labranza el oficio del Padre **(Juan 15:1)**, y la forma manual celestial y espiritual, El hereda el oficio a Sus hijos, a los 7 adanes.

BDJ Génesis 2:15 Tomó, pues, Jehová Dios al hombre, y le puso en el huerto de Edén, para que lo **labrara** y lo **guardase**.

La Biblia de Las Américas traduce muy puntualmente: **labrara, cultivara**, en lugar de las 2 palabras que dejé resaltado. Entonces lo que Dios hizo una vez que ya estaba el modelo a seguir, establece al primer Adán en el huerto y lo instruye de la forma en que debía cultivarlo, labrarlo y guardarlo porque una de las características que Dios le dejó al reino vegetal, es que pudiera crecer y producir fruto, entonces necesitaba mantenimiento, por lo tanto, para que los árboles puedan mantener su ciclo frutal, deben pasar por un ciclo que fue precisamente lo que Dios le dijo a Adán.

Claramente puedes ver que el oficio que tuvo el primer Adán fue el oficio de Dios Padre, según lo deja ver **Juan 15:1**, pero lo interesante es que los siguientes personajes que vendrían a ser los sucesores del primer Adán, también los nombra con el mismo oficio:

Génesis 9:20 Y comenzó Noé á labrar la tierra, y plantó una viña:

- ✓ Noé hizo lo mismo que su ancestro Adán.

- ✓ Herencia de los adanes.

Recuerda que cuando la Biblia se refiere a Noé, dice que él era perfecto en sus generaciones. Ahora bien, la palabra generaciones es una derivación del término gen, eso significa que los genes de Noé eran perfectos, entonces no era cualquier hombre, como tampoco el primer Adán fue un hombre común y corriente, eran hombres que tenían sus genes perfectos y como tales, podían realizar la tarea que Dios les estaba encomendando.

Génesis 6:9 (RVR 1960) Estas son las generaciones de Noé: Noé, varón justo, **era**

perfecto en sus generaciones; con Dios caminó Noé.

De tal manera que cuando aceptas ser uno de los labradores de Dios, debes saber que es un privilegio y que El te ha considerado con las características necesarias para cuidar Su huerto.

El Proyecto Adam

Ahora bien, el proyecto Adam, surge con el propósito de darle seguimiento al plan que el primer Adán no pudo completar; llegó el segundo y tampoco pudo, luego el tercero, etc., llega uno nuevo a retomar lo que debía concluirse de acuerdo al plan de Dios. Obviamente que cada uno que llegaba, para poderle dar seguimiento al plan inconcluso, debía tener la misma ideología u oficio de jardinero o labrador que, como ya lo mencioné anteriormente, es el oficio de Dios Padre de acuerdo a lo que la Biblia dice.

De aquí entonces la importancia de poder asimilar en su totalidad, los planes de Dios a tu vida, metafóricamente debes estar embarazado o embarazada de los planes de Dios para poder darlos a luz de una forma perfecta.

Por supuesto que los planes para los cuales Dios te usará, estás involucrado en forma directa, aunque después también haya otro que salga beneficiado; es más, aunque estés siendo preparado para bendición de otra persona, primero serás bendecido tú porque debes asimilar el plan de Dios; pero para efectos didácticos, me enfocaré en que los planes de Dios son directamente para bendición tuya y de los tuyos; dicho de otra manera, lo que Dios desea es que, todo lo que haya sucedido en tu vida en el pasado y que quizá no fue lo mejor que pudiste esperar, ahora es la oportunidad que Él te está presentando, sea esto en tu vida espiritual, física, en el ámbito económico, etc., para que alcances la bendición que quizá tus ancestros no alcanzaron.

Por supuesto que para activar positivamente el plan de Dios, fue necesario que viniera al postrer Adán, el Señor Jesucristo, cumpliera el propósito del Padre y entonces tuvieras la oportunidad de alcanzar todas las bendiciones que han sido decretadas a tu vida en el corazón de Dios; dicho en otras palabras, podrás tener la oportunidad de estar en la línea directa del plan maravilloso de Dios para tu vida, gracias al sacrificio de Jesús en la cruz del calvario porque fue ahí precisamente donde Dios mismo hecho Hombre pero sin pecado, le quita todo derecho al diablo para que puedas caminar con libertad.

Hebreos 2:14-15 (Biblia Amplificada) Por lo tanto, dado que [estos Sus] hijos comparten en carne y sangre [la naturaleza física de la humanidad], Él mismo de manera similar también compartió la misma [naturaleza física, pero sin pecado], para que [experimentando] la muerte pudiera hacer sin poder (ineficaz, impotente) al que tenía el poder de la muerte, es decir, el diablo, [15] y [para que] pudiera liberar a todos los que por [la angustia] temiendo de la muerte fueran sometidos a esclavitud durante toda su vida.

Aunque también debes saber que, si bien es cierto Jesús pagó el precio de tu libertad, también debes esforzarte por estar siempre en comunión con Dios, buscando la forma de cómo agradarlo con tu vida en santidad, de otra manera el diablo, sabiendo que existe un régimen jurídico de derechos espirituales, donde hay condiciones de vida y si no se cumplen, Dios podría autorizarle al diablo el hecho de levantar una tormenta espiritual en contra tuya, claro que el diablo la debe solicitar, pero es más que obvio que lo hará si te desvías del camino de santidad.

Por eso, si en algún momento de tu vida estuviste viviendo de frente a los ataques del diablo y hoy has sentido la protección de Dios, debes saber que al fallarle, automáticamente le estás cediendo derecho a las tinieblas para que te estorben de cualquier forma. Entiendo bien que de pronto viene el engaño de Satanás y puedes pecar de cualquier forma; pero en Dios siempre hay una nueva oportunidad si lo buscas de todo corazón, si te vuelves a El pidiendo perdón, te arrepientes y te apartas de aquello que te hizo pecar, entonces es cuando llega a tu vida la oportunidad de levantarte en el nombre de Jesús para seguir adelante.

Por eso es importante el equipamiento de guerra espiritual y saber que el diablo seguirá buscando a quién engañar para destruir su vida; pero si logras asimilar adecuadamente toda esta preparación, no solamente con este libro, sino con los libros anteriores y los siguientes a este y por supuesto con la Biblia en mano; estoy seguro que el Espíritu Santo verá la intención de tu corazón y te ayudará para que seas fortalecido y no sigas siendo engañado por Satanás y su séquito de demonios.

¿POR QUÉ ENVIÓ ADANES?

Era necesario recuperar la Tierra y el huerto del Edén, por eso usó adanes porque en ellos estaba el oficio que los identificaría con Dios y entonces así labrar de nuevo como jardineros, es decir darle seguimiento a lo que el anterior había iniciado.

Génesis 1:2 Y la tierra estaba **sin orden** y vacía, y las tinieblas cubrían la superficie del abismo, y el

Espíritu de Dios se movía sobre la superficie de las aguas.

La palabra **sin orden o desordenada**, tiene su origen en hebreo con la palabra que se pronuncia **TOBUW H8414**, significa baldío, desolado, soledad, vacío, en destrucción, una ruina indistinguible; aunque ese es solamente el segundo versículo de la Biblia, no significa que Dios creó así la Tierra, sino que todo fue a consecuencia de la rebelión luciferina.

Jeremías 4:23 Miré a la tierra, y he aquí que estaba sin orden y vacía; y a los cielos, y no tenían luz.

Con este versículo puedes ver entonces el nivel de comunión que tenía el Profeta Jeremías, porque lo que sucedió en **Génesis 1:2** no fue en su tiempo, sin embargo lo menciona con tanta vehemencia porque tenía ese nivel de comunión con Dios que necesitas tener para saber qué es lo que debes hacer hoy y así agradar Su corazón.

Pero el punto es que, en **Génesis 1:1** dice claramente que Dios hizo los cielos y la Tierra; en tan pocas palabras puedes comprender que hizo toda la creación, pero no la hizo como la describe **Jeremías 4:23** y **Génesis 1:2** sino que, hay una historia tácita, ahí es donde se menciona entonces el Edén preadámico, representaba el centro de gobierno del mundo preadámico.

Ezequiel 28:13 'En el Edén estabas, en el huerto de Dios; toda piedra preciosa era tu vestidura: el rubí, el topacio y el diamante, el berilo, el ónice y el jaspe, el zafiro, la turquesa y la esmeralda; y el oro, la hechura de tus engastes y de tus encajes, estaba en ti. El día que fuiste creado fueron preparados.

El Edén preadámico, también lo había plantado Dios; después de eso lo que hace es asignar quién lo labre y lo cuide, sin embargo, también estaba en escena con el personaje que se rebeló contra Dios y lo expulsa del lugar donde estaba, es entonces cuando El envía un juicio a la Tierra para lo que existía en ese momento porque todo estaba contaminado a consecuencia de aquella rebelión.

Los adanes fueron los enviados y encargados a los diferentes sistemas o épocas, con el propósito de realizar una reconquista de la Tierra para Dios, fueron enviado en diferente tiempo y orden cronológico.

El proyecto fue entonces enviar hombres a la imagen **(GENOTIPO)** y semejanza **(FENOTIPO)** de Dios, con espíritu, alma y cuerpo que recuperarán el huerto de Dios.

Cronología De Los Adanes

0.- Edén de Dios: fue donde tuvo lugar la rebelión luciferina y el Edén se quedó sin labrador. Partiendo de este momento, Dios deja de utilizar creaciones angelicales y empieza entonces con el proyecto Adán.

1. Creación Hombre: Sin experimentar la división (masculino y femenino) creó un ser inteligente; su objetivo era reconquistar, fructificar y repoblar la Tierra para Dios a causa de la rebelión que en ella existió - **Génesis 1:27-28**.

Existe una **teoría judía**, la cual dice que la primera esposa del primer Adán, fue Lilith pero la contaminó Satanás y consecuentemente ella contaminó al primer Adán y Dios lo sacrificó en holocausto, sin embargo ya existía descendencia de aquella pareja porque la orden de Dios era que repoblaran la Tierra, aunque su multiplicación no era igual que en la actualidad, tampoco se tiene registro ni en teorías judías; el punto es que hubo descendencia según esa teoría. Entonces Lilith sale al desierto, Adán es sacrificado en un holocausto y los hijos de esa pareja, Dios se los lleva en un arrebatamiento.

Debo insistir en que esto último que acabas de leer, toda esa teoría judía, la mencioné solamente para tenerlo como referencia de lo que pudo haber sucedido con aquel primer Adán, pero no estoy dando por sentado nada de eso, no es doctrina, no es Biblia.

2. Adán y Eva: Su objetivo era desarrollar el programa de la expansión del reino de Dios en la Tierra, pero al ser engañados por la serpiente, pecaron y como consecuencia fue maldita la Tierra y expulsados del Edén según **Génesis 2:7**.

Ahora bien, lo que sucedió aquí es lo siguiente: Dios ya había creado al hombre pero por la rebelión que comando Satanás, hubo una limpieza total y una vez que terminó esa purificación de la Tierra, Dios toma la materia prima con lo que había hecho al primer Adán, y forma al segundo Adán, llega el momento en que lo duerme para obtener de esa misma materia prima, a la mujer que fue nombrada Eva.

Interesantemente puedes ver cómo es que Dios manda a que labren la Tierra y la cuiden, ¿de qué?, de aquella creatura que se había rebelado contra Dios; dicho en otras palabras, a partir de aquí, todos los huertos se deben cuidar porque si un día pudo entrar en el Edén de Dios, podrá intentar entrar nuevamente en otro de los huertos de Dios, entiéndase con esto, el huerto de tu corazón en el cual debe haber un fruto agradable a Dios para que te pueda comer y te halle de acuerdo a lo que llena Su paladar.

3. Set-Adán: su nombre significa compensación, Dios compensó a Adán y Eva la muerte de Abel con la vida de Set y llegó a ser otra simiente, otro Adán, a partir de ahí se empezó a invocar el nombre de Dios nuevamente - **Génesis 4:25-26**.

4. Noé-Adán: era perfecto en sus generaciones según **Génesis 6:9**. Se le da la tarea de repoblar la Tierra - **Génesis 9:1**.

5. Abraham-Adán: se le da la promesa de una simiente terrenal y de una simiente celestial **Génesis 22:17**. Ofreció a su hijo unigénito en sacrificio, como figura del Padre celestial, al ofrecer a Su Hijo Jesucristo en sacrificio.

6. Israel-Adán: Dios toma para sí un pueblo escogido (**Deuteronomio 7:6**), que debería llegar a ser el pueblo representante de Dios sobre la tierra ante las demás naciones; lamentablemente amaron más las tinieblas (**Juan 3:19**), se rebelan y son destituidos como pueblo, (**Romanos 11:1**), desgajados por su incredulidad (**Romanos 11:20-21**). En cuanto al pueblo de Dios, recuerda que si

Israel siendo rama natural fue desgajada, el Israel espiritual no tiene ninguna garantía si actúa con altivez.

Hasta aquí puedes ver entonces que se cumplen 6 adanes por lo que era necesario que en el número 7, se cumpliera en su totalidad el plan que Dios había diseñado; porque a todo esto también debes saber que si Satanás estorba los planes de Dios para tu vida, nunca se los podrá echar a perder porque el único que tiene una mente, planes y es un estratega perfecto, es Dios.

7. Jesucristo-postrer Adán: en El se lleva a cabo la obra de reivindicación de todos los anteriores y la obra de redención completa **1 Corintios 15:45**. Es importante hacer notar que todo lo que los adanes anteriores no pudieron completar, en Cristo se recupera a la perfección para que puedas tener una nueva oportunidad en tu vida sin que haya acusador que te lo impida porque Jesús pagó por ti y te hizo verdaderamente libre para que seas el huerto que el Padre desea ver en tu corazón con los frutos del Espíritu.

Los Edenes De Dios Son Su Deleite

Edén: placer, deleite, delicia, delicadeza, cosa refinada.

Isaías 62:4 Nunca más se dirá de ti: Abandonada, ni de tu tierra se dirá jamás: Desolada; sino que se te llamará: **Mi deleite** está en ella, y a tu tierra: Desposada; porque **en ti se deleita el SEÑOR**, y tu tierra será desposada.

Isaías 62:6-9 Sobre tus murallas, oh Jerusalén, he puesto centinelas; en todo el día y en toda la noche jamás callarán. Los que hacéis que el SEÑOR recuerde, no os deis descanso, ⁷ ni le concedáis descanso hasta que la restablezca, hasta que haga de Jerusalén una alabanza en la tierra. ⁸ El SEÑOR ha jurado por su diestra y por su fuerte brazo: **Nunca más daré tu grano por alimento a tus enemigos**, ni hijos de extranjeros beberán tu mosto por el que trabajaste; ⁹ pero los que lo cosechen, lo comerán y alabarán al SEÑOR; y los que lo recolecten, lo beberán en los atrios de mi santuario.

Cuando tus hábitos fueron negativos, contrarios, malos; lo único que queda es la poda, es precisamente el oficio de Dios, es lo que hace el labrador para procurar que en ti siempre haya algo nuevo, algo fresco que sea de Su agrado.

Obviamente que cuando hablo de una poda, te llevará a que sea cortada la enfermedad, la escases espiritual y física, las divisiones en los hogares, los problemas en donde sea que estés serán quitados para que haya lugar para lo nuevo de Dios; pero también hay un momento en el que puedes clamarle para que todo eso El lo vuelva a activar y siempre esté podando aquello que no le agrade en tu corazón; debes buscar esa conversación con Dios para encontrar las palabras y le digas que deseas ser Su deleite.

¿Cómo sabrás que eres el deleite de Dios? Porque te gozarás en todo lo que hagas sabiendo y viviendo lo que dice la Biblia; siempre estarás bajo la perfecta ley de la libertad caminando en rectitud con temor reverente a Dios.

Colosenses 3:23 (LBA) Y todo lo que hagáis, hacedlo de corazón, como para el Señor y no para los hombres...

De esa manera, no solamente agradarás a Dios, sino que también servirá para que otros vean en ti la obra maravillosa que El está haciendo en tu vida misma; será como un medio de evangelización para que muchos lleguen a los pies de Cristo, evangelizarás por medio de tu testimonio, por tu diaria conducta.

También debes considerar dentro de todo esto que el enemigo no descansará viendo cómo te consagras a Dios; él seguirá lanzando sus ataques para destruirte y en algunos casos pasará los límites, perpetrará sus ataques y todo el escenario parecerá como que Dios no está contigo porque eso es lo que el enemigo busca hacerte creer para separarte de Su presencia, para que descuides el huerto de Dios y le permitas a la serpiente antigua, a que entre con sus engaños y te robe lo que has producido en el huerto de Dios, en tu corazón.

Pero si vuelves la vista a la cita que describí de **Isaías 62:8**, puedes notar la promesa de Dios respecto a que, tu cosecha no la aprovecharán tus enemigos, sino que tendrás recompensa y con lo que produzcas darás gloria y honra a Dios pero también lo disfrutarás.

Ciertamente hay cosas que necesitas de la intervención directa de Dios, pero otras son para que las actives con la diligencia que has recibido de El; aquí es donde entra el espíritu de discernimiento porque quizá has orado por mucho tiempo y no tienes la respuesta de Dios, pero quizá sea precisamente porque no depende tanto de Dios sino de ti; claro que El es especialista en imposibles, para Dios no existe algo que no pueda hacer; pero por eso te ha capacitado y tienes el conocimiento adecuado, donde llegará el tiempo de poner por obra las cosas en el nombre de Jesús.

Recuerda entonces que si tienes la capacidad de parte de Dios para que de ti brote un fruto agradable al corazón de Dios, será la suficiente razón por la cual Satanás estará constantemente atacándote de diferentes formas, ya sea de forma literal física o espiritual, a la mente, etc., porque su propósito es que no fructifiques y si lo haces, que ese fruto no sea un deleite para Dios; por eso es que existe el proceso de la poda, para que todo aquello que el enemigo haya pretendido contaminar y que no puedas presentarte delante de Dios con lo que El desea encontrar en ti, sea entonces cortado en la poda y que vuelvas a tener una nueva oportunidad.

EL PROCESO DE LA PODA

La poda puede darse cuando un árbol tiene ramas secas, dejó de crecer, etc., pero entonces esto me deja ver lo siguiente:

Juan 15:2 (LBA) Todo sarmiento que en mí no da fruto, lo quita; y todo el que da fruto, lo poda para que dé más fruto.

Solamente existen 2 caminos, fructificas o te echan fuera. Si fructificas serás podado para que puedas dar más fruto. Generalmente la poda causa dolor porque de pronto esa poda puede significar el hecho de quitarte una amistad que por años estuvo contigo, pero no desea consagrar su vida y lejos de apoyarte, quiere alejarte de Dios, suficiente motivo para que sea podada esa rama seca de tu vida. Posiblemente esa rama dio fruto hace mucho tiempo pero dejó de hacerlo por cualquier razón, entonces hay que hacerla a un lado para que no impida tu crecimiento.

LOS LABRADORES DE EL PADRE

Las palabras claves en la primera mención del huerto del hombre o el jardinero, te permiten ver su importancia en el desarrollo de tu tarea:

1. Edén: placer, deleite, delicia, delicadeza, cosa refinada.

2. Huerto: jardín cercado, cercado, se deriva de un vocablo que se traduce como cercar, proteger mediante un cerco, amparar.

3. Guardar: Shamar significa proteger como con espinos, cuidar, advertir, guardián, custodiar.

4. Jardín: Gan significa paraíso, viene de **ganan** que es defender mediante una cerca protectora.

La pregunta entonces es la siguiente: **¿tu vida está como un huerto?**, respóndete a ti mismo en lo íntimo de tu corazón porque al final es individual el proceso del huerto de Dios en tu corazón.

LAS DOS ACCIONES DE LOS ADANES

Entonces, si la orden original de Dios para todos los labradores fue **labrar y cuidar**, básicamente ese es el proyecto Adam; dicho en otras palabras, tienes un poder que has recibido de parte de Cristo para fructificar, eso se llama el poder de la poda la cual debe ser en forma individual, debe ser una autoaplicación, de otra forma estarás buscando pegarte las ramas que te poden; pero si lo haces tú mismo, habrá un desarraigo definitivo de toda planta que no plantó el Padre en tu vida.

La Primera Orden Para El Labrador

Labrar: lleva la idea de una acción personal y manual.

Génesis 2:15 Tomó, pues, Jehová Dios al hombre, y le puso en el huerto de Edén, para que lo labrara y lo guardase.

Labrar #5647 ABAD: raíz primaria; trabajar (en todo sentido); por impl. servir, arar, cultivar, etc. adorar, arar, culto, desempeñar, ejercer, honrar, librador, labrar, ministrar, servir, siervo.

Cuando no hay poda, implícitamente se está escapando la energía que puedes utilizar en todo lo que ya describí, pero más interesante aún, la palabra labrar tiene como acepción la acción de adorar y ministrar, lo cual puedo entender que se refiere a lo que debe hacer el alma.

- ✓ Lleva la idea de que el jardinero o labrador mantenga el diseño ordenado por Dios.

- ✓ No es una selva o un bosque.

- ✓ Es necesario ordenarlo: las flores en su lugar, los árboles frutales en su lugar, legumbres o vegetales en su lugar, etc.

- ✓ Pero eso significa que habrá necesidad de limpiar, entiéndase con eso podar.

Guardar #8104 SHAMAR: significa proteger como con espinos, cuidar, advertir, guardián, custodiar, vigilar o vigilante.

Partiendo de estos conceptos, puedo preguntar entonces: ¿profetizas como lo hacías al principio, danzas como lo hacías al principio, le sirves a Dios incondicionalmente como lo hacías al principio?

Lamentablemente los ataques del diablo causan un desgaste tal, que por la misma razón de venir del padre de toda mentira, fácilmente se puede caer en el engaño de las tinieblas y empezar a justificarse del por qué ya no buscas a Dios como al principio; obviamente que cuando digo que no lo haces como al principio, me refiero que dejaste de evolucionar y empezó en ti una involución en tu relación con Dios, en tu búsqueda del rostro de Dios.

De aquí entonces la importancia de aplicar una poda a tu vida porque eres un árbol que fructifica y de pronto puede ser que hayas dejado de hacerlo, ¿qué es lo que has dejado de darle al Señor?, tú mismo tienes la respuesta y al tenerla, sabes qué debes podar.

LAS ACCIONES DEL JARDINERO

Labrar #5647 ABAD: es igual a cultivar, y/o cultivo y de ahí la palabra culto, también la palabra cultura.

Parte de tu cultura, culto y cultivo, debe ser el mantener una vida sana, limpia y fructificando para Dios.

Labrar implica acción, es comprender que tienes la autoridad de Dios para cambiar las cosas y que El está de tu lado para lograrlo.

✓ Dios se deleita al ver el resultado de tu labranza porque eso testificará que habrá cosecha de abundantes frutos para El.

Las cosas pueden cambiar si estás dispuesto a provocar la fructificación que Dios desea ver en el huerto de tu corazón:

Romanos 12:1 Por consiguiente, hermanos, os ruego por las misericordias de Dios que presentéis vuestros cuerpos como sacrificio vivo y santo, aceptable a Dios, que es vuestro culto racional. (CULTIVO).

La Importancia Etimológica De Las Palabras

Es menester ver las consecuencias o derivados y asociaciones de palabras para entender lo que debes hacer. Entonces, si **Labrar #5647 ABAD** es igual a cultivar, cultivo, y de ahí la palabra culto, y también la palabra cultura, entonces puedo ver lo siguiente:

- ✓ Todo cultivo es igual a cultura.

- ✓ Toda cultura produce su propio cultivo o fruto.

- ✓ Toda cultura tiene sus hábitos igual a su hábitat.

- ✓ Los hábitos negativos o malos pueden dañar los frutos o cultivos, consecuentemente el jardín perderá su deleite y el hábitat no será un huerto renovado.

- ✓ De aquí también puedo decir entonces que la palabra hábitos, se deriva de la palabra hábitat, por consiguiente, esto último se construye de una cultura, entiéndase con esto sus fiestas, tradiciones, comidas, etc.

- ✓ Si tu hábitat deja de ser un deleite a los ojos de Dios a causa de los hábitos que le permitiste al mundo que entraran en tu vida, entonces el culto que le estás rindiendo a Dios dejó de ser el hecho de presentarle tu cuerpo en un sacrificio vivo; dicho en otras palabras, es necesario que aprendas a podar tu vida de acuerdo a lo que Dios te mande a que hagas.

- ✓ Uno de los problemas por los que puede atravesar una persona que no poda lo que Dios le esté indicando, es que terminará aislándose a consecuencia de los mismos problemas que le esté ocasionando aquello que ha dejado de fructificar en su vida; una vez aislado, llegarán los malos pensamientos, eso causará un fuerte desgaste para cerrar toda posibilidad de continuar fructificando a consecuencia de los malos pensamientos.

Guardar #8104 SHAMAR: Habla de cercar alrededor (como con espinos), proteger, **cuidar**, advertir, aguardar, guardia, guardián, custodiar, espiar, meditar, mirar, observar, pastor, velar, vigilante, vigilar.

Cuidar: ¿de quién debes proteger los recursos?

- ✓ De las acciones directas e indirectas del reino de las tinieblas.

- ✓ **Como acciones directas:** me refiero a ataques de entidades espirituales de maldad contra tu don, tu capacidad y habilidad, propósito, ministerio, matrimonio, familia, es decir lo que es tuyo y que tiene tu responsabilidad.

✓ **Como acciones indirectas:** con este punto hablo de la influencia de principados y potestades espirituales de maldad que desde regiones celestes atacan en segundo plano y pueden afectar tu fe, tu conciencia, tu ánimo (piedra de tropiezos).

EN CONCLUSIÓN
LA RESPONSABILIDAD DE CUIDAR
ES TUYA

Cuidar: desde la perspectiva hebrea hace referencia a un cerco que no es de piedras sino de espinos, trata de expresar que se busca ser agresivo para desalentar o neutralizar todo tipo de invasión externa.

Guardar el huerto es desarrollar y sostener una actitud vigilante para mantener seguro el propósito.

Oseas 12:13 (LBLA) "Por un profeta el SEÑOR hizo subir a Israel de Egipto, y por un profeta fue guardado".

El término traducido como **guardado** es **SHAMAR,** se refiere a cómo Dios usó a un profeta para guardar a Israel.

Los provocadores de fructificar serán los ministros **SHAMAR**, los hijos de Dios y creyentes en Cristo, un matrimonio, todos aquellos que en Cristo tienen el poder de fructificar será porque tienen la capacidad que Dios puso en cada uno.

Las Acciones Del Labrador

La poda se requiere exactamente en el punto, lugar o rama donde un árbol está gastando demasiada energía.

- ✓ La poda es en la rama que ahora es insuficiente.

Por eso la razón de la poda es porque está gastando el nutriente biológico del árbol, y está desviando la energía que necesitan otras ramas que pueden fructificar.

La importancia del labrador

Tener labradores es una bendición, sin embargo la Biblia deja ver que, como juicio, Dios impedía que algo fuera podado:

Juan 15:1-2 Yo soy la vid verdadera, y mi Padre es el viñador. ² Todo sarmiento que en mí no da fruto, lo quita; y todo el que da fruto, lo poda para que dé más fruto.

Entonces la poda, según los expertos, es para entrar a otra estación:

- ✓ Época, tiempo o temporada.
- ✓ Es decir, ya dio todo lo que tenía que dar.
- ✓ Ya hizo todo lo que tenía que hacer y lo que queda ahora es cortar.
- ✓ Recurso agotado.

La poda es entonces la solución: cortar las ramas improductivas, del hebreo **tamman #8552** que significa: agotado, gastado, acabado.

La razón de la poda es apartar, cortar las ramas que no son fructificas.

Ramas, en el sentido de ramificaciones significa: consecuencia, efecto, derivación, secuela, alcance, desenlace, repercusión. Una rama puede ser el sinónimo del punto hacia dónde te has extendido, el camino que has seguido. Por eso es importante estar atento a escuchar la voz de Dios para que tus ramas lleven Su dirección y no la tuya porque tu deseo debe ser agradarlo en todo momento.

Una de las cosas más críticas como creyentes en Cristo es no producir frutos conforme Sus deseos:

- ✓ Tener la capacidad para dar frutos pero no poderlos producir.

- ✓ No tener la habilidad para producirlos, es un punto crítico del creyente.

Por eso es importante escuchar las lecciones de un labrador.

EL TIEMPO Y LA PODA

Antes del tiempo de la cosecha, se requiere la poda para que no sea el árbol o la viña, el blanco o el hábitat de aves de rapiña:

Isaías 18:5-6 (LBA) Pues antes de la cosecha, **(profético)** tan pronto como el botón se abra y la flor se convierta en uva madura, Él cortará los pámpanos con podaderas y podará y quitará los sarmientos. **6** Juntos serán dejados para las aves de rapiña de los montes, y para las bestias de la tierra; pasarán allí el verano las aves de rapiña, y todas las bestias de la tierra allí invernarán. (mundo espiritual).

En la esfera espiritual, la parte no productiva de tu vida es lo que se debe podar antes que sea usado por las tinieblas.

Las guaridas:

Apocalipsis 18:2 (LBA) Y clamó con potente voz, diciendo: ¡Cayó, cayó la gran Babilonia! Se ha convertido en habitación de demonios, en guarida de todo espíritu inmundo y en guarida de toda ave inmunda y aborrecible.

LA PODA Y LA BENDICIÓN

La poda es la tala de lo que impide la bendición:

- ✓ Bíblicamente hablando, no podar un árbol o viñedo era considerado como un juicio de Dios o un trato de Dios a la vida de una persona.

- ✓ Israel es un ejemplo a este respecto dejándolo sin poda, eso fue como un juicio correctivo.

Isaías 5:1-4 (R60) Ahora cantaré por mi amado el cantar de mi amado a su viña. Tenía mi amado una viña en una ladera fértil. ² La había cercado y despedregado y plantado de vides escogidas; había edificado en medio de ella una torre, y hecho también en ella un lagar; y esperaba que diese uvas, y dio uvas silvestres. **³** Ahora, pues, vecinos de Jerusalén y varones de Judá, juzgad ahora entre mí y mi viña. **⁴** ¿Qué más se podía hacer a mi viña, que yo no haya hecho en ella? ¿Cómo, esperando yo que diese uvas, ha dado uvas silvestres?

LOS DESVIADORES DE ENERGÍA

¿Te has preguntado qué cosas te está desviando el tiempo, energía, recursos, etc.?

Aquí puede estar la respuesta que necesitas saber, en caso que estés en un punto de falta de fructificación:

1. **Espiritualmente:** no hay crecimiento, no hay frutos o dones.
2. **Relaciones sentimentales:** no puedes establecer cosas sólidas y permanentes.
3. **Emocionalmente:** batallando siempre con el mismo problema emocional y surgen nuevos y peores como consecuencia de la falta de la poda.
4. **Materialmente:** no logras levantarte y cada vez es más difícil.
5. **Familiarmente:** relaciones matrimoniales dañadas y relaciones con los hijos e hijas.

6. **Laboralmente:** siempre buscando un nuevo trabajo porque te sientes inconforme con todo.
7. **Económicamente:** una falta de buena administración de los recursos.

- ✓ De manera que para poder redireccionar la energía será necesaria la poda.
- ✓ Redireccionar la energía a las ramas que pueden fructificar, en caso contrario estás en riesgo de que se te sigan secando las demás ramas.
- ✓ De esa manera, al final ese árbol dará más frutos que antes.
- ✓ Entre más ramas sin podar, más se impide que haya frutos necesarios de la vida nueva.

Es necesario comprender la importancia de la poda en tu vida porque es como un proceso de embellecimiento espiritual, de otra manera, el árbol que no fructifique, será cortado, ahora puedes entender este versículo:

Mateo 3:10 (LBLA) Y el hacha ya está puesta a la raíz de los árboles; por tanto, todo árbol que no da buen fruto es cortado y echado al fuego.

Dicho de otra manera, a la Tierra no viniste de paseo; tienes un propósito en la vida, lo que te corresponde hacer es pedirle a Dios que te diga cuál es ese propósito y caminar en pos de él, sabiendo que mientras vas de camino, habrá cosas que no son de Su agrado y será entonces el momento de la poda tan necesaria en la vida de toda persona, más aún de todo cristiano.

Puedo mencionarte uno de los propósitos que debes sentir en tu corazón siendo cristiano: alaba y adorar a Dios, esto sin contar que debes sentir un fuerte deseo por buscar el rostro de Dios, por leer Su palabra, estudiarla, escudriñarla; esto es parte de lo que debes sentir en tu corazón y que conforma ese propósito de venir a la Tierra, porque aunado a eso, quizá eres ministro de orden primario en la obra de Dios, pero eso es algo que Dios debe mostrarte para caminar por donde debes hacerlo y no estar haciendo cosas a las que no fuiste llamado porque en tal caso, serían obras sin propósito de Dios.

En el capitulo anterior describí este mismo cuadro pero lo detalle de forma escritural; ahora lo puedes ver a manera gráfica para que notes cómo evoluciona el proceso de la poda, iniciando precisamente por la poda, lo que puede provocar que haya cierto dolor por el desprendimiento de aquello que de una forma acostumbrada a tenerlo, no sentías que te estaba dañando, pero una vez que te lo podaron y pasó el tiempo, puedes ver cómo Dios te permite volver a fructificar.

Una vez que pasa el tiempo de fructificar, llega la floración, el tiempo en que te has embellecido espiritualmente, aunque eso puede repercutir en todas las áreas de tu vida porque es en el espíritu donde debe iniciar, ahí es la raíz de tu vida. Posteriormente viene la faceta de cuajado, lo cual es donde podrás ver los frutos verdes, lo que está siendo procesado para llegar entonces al envero, donde ves entonces que todo aquello que parecía contrario a tu vida, tenía un propósito positivo en Dios; el fruto que estás dando empieza a ser apetecible a los ojos de Dios.

Después llega el proceso de la madurez, tu fruto entonces es dulce al paladar de Dios, toda amargura y acidez en tu vida se fue por completo; de un espíritu amargado pasas a ser un espíritu dulce, de mara a Noemí. Por último, tras la llegada del invierno, pierdes tus hojas y empiezas con la poda nuevamente, porque mientras estés en la Tierra, debes saber que habrá un proceso de perfeccionamiento que terminará el día en que salgas al encuentro con el Señor Jesucristo en la nubes para ser protagonista en las bodas del Cordero, pero para eso, tuviste que atravesar el proceso de perfeccionamiento que conlleva varios ciclos en los que habrá podas, ¿por qué?, lo segmentaré de la siguiente manera:

EL TIEMPO Y LA PODA

Antes del tiempo de la cosecha se requiere la poda para que no sea el árbol o la viña, un blanco o el hábitat de aves de rapiña:

Isaías 18:5-6 (LBA) Pues antes de la cosecha, *(profético)* tan pronto como el botón se abra y la flor se convierta en uva madura, **Él cortará los pámpanos con podaderas** y podará y quitará los sarmientos. **⁶** Juntos serán dejados para las aves de rapiña de los montes, y para las bestias de la tierra; pasarán allí el verano las aves de rapiña, y todas las bestias de la tierra allí invernarán. *(mundo espiritual)*.

En la esfera del espíritu, la parte no productiva de tu vida es lo que se debe podar antes que sea usado por el mundo espiritual de las tinieblas según lo puedes ver en la cita descrita.

Las guaridas

Apocalipsis 18:2 (LBA) Y clamó con potente voz, diciendo: ¡Cayó, cayó la gran Babilonia! Se ha convertido en habitación de demonios, en guarida de todo espíritu inmundo y en guarida de toda ave inmunda y aborrecible.

Con la poda lo que Dios desea es que no te conviertas en ningún tipo de guarida porque lejos de eso, El desea ver en ti el huerto de Su Edén.

OTRA IMPORTANCIA DEL LABRADOR

Un labrador o jardinero, garantiza la posibilidad de que haya fructificación o recuperación de algo que ha sido dañado. Por otro lado, la Biblia deja ver que como juicio, Dios impedía que algo fuera podado, como ya lo mencioné en repetidas oportunidades.

La poda también la puedes considerar como la tala de lo que impide que recibas tu bendición, bíblicamente hablando, no podar un árbol o viñedo, era considerado como un juicio de Dios o un trato de Dios. A Israel le aplicaron el dejarlo sin poda lo cual fue como un juicio correctivo; también te lo mencioné anteriormente, pero lo estoy plasmando nuevamente porque me servirá didácticamente para lo que describiré después de esta cita:

Isaías 5:1-4 (R60) Ahora cantaré por mi amado el cantar de mi amado a su viña. Tenía mi amado una viña en una ladera fértil. **2** La había cercado y despedregado y plantado de vides escogidas; había edificado en medio de ella una torre, y hecho también en ella un lagar; y esperaba que diese uvas, y dio uvas silvestres. **3** Ahora, pues, vecinos de Jerusalén y varones de Judá, juzgad ahora entre mí y mi viña. **4** ¿Qué más se podía hacer a mi viña, que yo no haya hecho en ella? ¿Cómo, esperando yo que diese uvas, ha dado uvas silvestres? **5** Os mostraré, pues, ahora lo que haré yo a mi viña: Le quitaré su vallado, y será consumida; aportillaré su cerca, y será hollada. **6** Haré que quede desierta; no será podada ni cavada, y crecerán el cardo y los espinos; y aun a las nubes mandaré que no derramen lluvia sobre ella.

Entonces si lo ves objetivamente, es mejor la poda que el olvido porque en tal caso, si no eres podado, pasas a formar parte de otro grupo como ya lo señalé cuando viste **Isaías 18:6**.

LOS ADANES – LOS LABRADORES
Limpiar y/o podar

En este tópico lo que deseo es que veas el ejemplo de los adanes o labradores que fueron llamados a producir una nueva fructificación.

Adam: Abraham-Adán: la poda que no realizó

Abram debió podar su casa, su tierra y parentela; podar ancestros que desvían las bendiciones.

Génesis 12:1-2 Y el SEÑOR dijo a Abram: **Vete (PODA)** de tu **tierra**, de entre tus **parientes** y de **la casa de tu padre**, a la tierra que yo te mostraré. ² Haré de ti una nación grande, y te bendeciré, y engrandeceré tu nombre, y serás bendición.

1. Tierra: cultura, hábitos, hábitat, cultivo, frutos malos.
2. Parientes: vínculo sanguíneo indirecto, familiares que afectan la fe.
3. Padres: ancestros o vínculo sanguíneo directo, herencias genéticas que debes romper.

No podó parte de su parentela, de manera que más tarde se dieron los problemas familiares, precisamente por gente familiar que no están involucrados con Dios, no les interesa tu vida de consagración ni tu pacto con Dios.

Génesis 12:5 Y tomó Abram a Sarai su mujer, y a **Lot su sobrino**, y todas las posesiones que ellos habían acumulado, y las personas que habían adquirido en Harán, y salieron para ir a la tierra de Canaán; y a la tierra de Canaán llegaron.

Hubo problemas familiares por la falta de la poda; no fue sino hasta que Dios permitió la separación de entre Abraham y Lot, que entonces Dios hizo pacto con Abraham.

Génesis 13:7-11 Hubo, pues, contienda entre los pastores del ganado de Abram y los pastores del ganado de Lot. Y el cananeo y el ferezeo habitaban entonces en aquella tierra. [8] Y Abram dijo a Lot: Te ruego que no haya contienda entre nosotros, ni entre mis pastores y tus pastores, porque somos hermanos. [9] ¿No está toda la tierra delante de ti? Te ruego que te separes de mí: si vas a la izquierda, yo iré a la derecha; y si a la derecha, yo iré a la izquierda. [10] Y alzó Lot los ojos y vio todo el valle del Jordán, el cual estaba bien regado por todas partes *(esto fue antes de que el SEÑOR destruyera a Sodoma y Gomorra)* como el huerto del SEÑOR, como la tierra de Egipto rumbo a Zoar. [11] Y escogió Lot para sí todo el valle del Jordán; y viajó Lot hacia el oriente. Así se separaron el uno del otro.

Lot quería huerto:

1. Sin labrar.
2. Sin podar.
3. Sin ser un Adán.

Adam: Israel-Adán la poda que no realizó

Israel debió podarse de los egipcios; eso significa podar relaciones, amistades que desvían los recursos, que contaminan el alma al punto de poner en riesgo la vida del espíritu porque si te hacen volver atrás, volver al mundo y pretender llegar una vida anfibia; tu espíritu después que Dios lo resucitó, después que estuvo muerto en delitos y pecados, puede volver al mismo estado a consecuencia de la falta de la poda en tu vida.

Números 11:1-3 Y el pueblo comenzó a quejarse en la adversidad a oídos del SEÑOR; y cuando el SEÑOR lo oyó, se encendió su ira, y el fuego del SEÑOR ardió entre ellos y consumió un extremo del campamento. ² Entonces clamó el pueblo a Moisés, y Moisés oró al SEÑOR y el fuego se apagó. ³ Y se le dio a aquel lugar el nombre de Tabera, porque el fuego del SEÑOR había ardido entre ellos.

Para poder recibir la promesa de Dios en Canaán, es necesario que haya poda.

Números 11:4-6 Y el populacho *(la Biblia de Serafín Ausejo traduce: chusma)* que estaba entre ellos tenía un deseo insaciable; y también los hijos de Israel volvieron a llorar, y dijeron: ¿Quién nos dará carne para comer? **5** Nos acordamos del pescado que comíamos gratis en Egipto, de los pepinos, de los melones, los puerros, las cebollas y los ajos; **6** pero ahora no tenemos apetito. Nada hay para nuestros ojos excepto este maná.

De aquí debes comprender que es necesaria la poda en lo siguiente:

1. Podar relaciones, amistades que desvían los recursos.

2. Podar las relaciones que provocan los deseos insaciables, es decir, invitan a practicar lo negativo, lo mundano y pecaminoso.

3. Podar relaciones que te desvían los recursos, los nutrientes que Dios manda para hacerte productivo en lo espiritual y consecuentemente en lo físico.

4. Muchos quieren ser muy sociables, creyendo que de esa manera están compartiendo el evangelio de Cristo, pero no han llegado al nivel de madurez donde las tinieblas no

encontrarán cómo entrar a sus vidas; consecuentemente por no tener ese nivel, no podan a la gente que no va a respetar su fe y lejos de eso los está atrayendo de regreso al mundo, a los deleites de la carne.

Adam: Noé-Adán la poda que realizó

Génesis 9:1 Y bendijo Dios a Noé y a sus hijos, y les dijo: Sed fecundos y multiplicaos, y llenad la tierra.

La poda que Noé tuvo que realizar estando ya en la nueva Tierra, fue una poda en su hijo CAM, quien no podó las costumbres del viejo mundo, y las trajo escondido dentro de él, la contaminación, el mal y las costumbres antinaturales.

Génesis 7:1 Entonces el SEÑOR dijo a Noé: Entra en el arca tú y todos los de tu casa; porque he visto que sólo tú eres justo delante de mí en esta generación

Génesis 7:13 En ese mismo día entró Noé en el arca, con Sem, Cam y Jafet, hijos de Noé, y la mujer de Noé y las tres mujeres de sus hijos con ellos,

¿QUÉ HACER PARA QUE FRUCTIFIQUE TU ALMA?

Comienza con la limpieza por medio de la ministración del alma, la liberación y la sanidad interior. No habrá fructificación si permanecen los viejos problemas. Si no consideras la importancia de tu purificación y limpieza de tu vida con la sangre de Cristo, podrías estar reincidiendo en los viejos problemas en el nuevo mundo, en vez de fructificar.

El Peligro de Volver a Empezar Estando Contaminado

El reincidir del alma

Génesis 9:20-22 (LBA) Entonces Noé comenzó a labrar la tierra, y plantó una viña. **21** Y bebió el vino y se embriagó, y se desnudó en medio de su tienda. **22** Y Cam, padre de Canaán, vio la desnudez de su padre, y se lo contó a sus dos hermanos que estaban afuera.

Génesis 9:24-26 (LBA) Cuando Noé despertó de su embriaguez, y supo lo que su hijo menor le había hecho, **25** dijo: Maldito sea Canaán; siervo de siervos será para sus hermanos. **26** Dijo también: Bendito sea el SEÑOR, el Dios de Sem; y sea Canaán su siervo.

Si algo afectó tu vida, debes ser limpio, liberado, descontaminado para que en el tiempo cuando Dios te permita volver a fructificar, no vayas a reincidir.

¿CUÁL ES EL PROPÓSITO DE LA SANIDAD INTERIOR?

La sanidad interior está relacionada con la persona y su pasado. En la vida emocional, no hay tiempo ni espacio, lo que afectó a la persona en el pasado, haya sido en su niñez o en su vida adulta, tiene vigencia en el presente.

Hay un dicho en el mundo que dice que el tiempo todo lo borra o borra las heridas, pero es mentira porque el único que vino a sanar los corazones quebrantados es el Señor Jesucristo, El pagó por completo por aquellos que vienen con heridas del pasado, entre los cuales seguramente estás tú y estoy yo; Él sanó y concedió una libertad y sanidad completa.

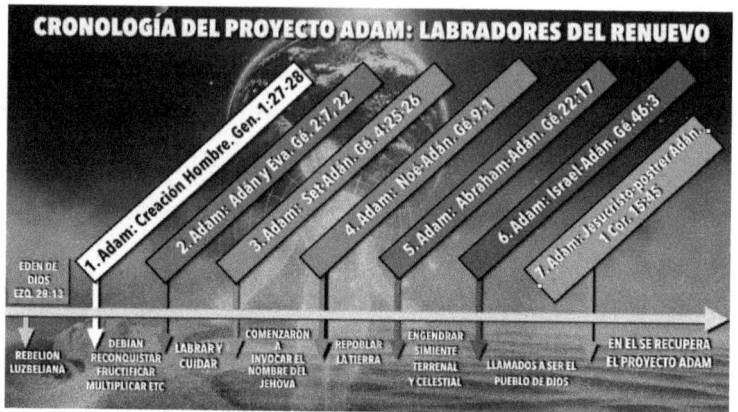

El ADN Latente Del Victorioso

Capítulo 5

Uno de los grandes problemas por los que puede estar atravesando un combatiente de guerra espiritual, es el hecho de tener la percepción equivocada, de tal manera que de pronto no se logre tener la visión espiritual adecuada de qué es lo que las tinieblas están lanzando en contra de alguien y que esa persona no esté en la posición que le corresponde espiritualmente hablando, porque no percibe las tentaciones, pruebas y las batallas mismas.

De aquí entonces la importancia de poder tener la visión de Dios a ese respecto y poder vislumbrar las cosas anticipadamente para ganarle terreno y tiempo al enemigo; por supuesto que de esos 3 escenarios que mencioné: tentaciones, pruebas y batallas, también Satanás tiene su propia visión de qué es lo que puede lograr si mantiene su engaño al límite. También está igualmente la visión del hombre que puede ser propia e independiente de Dios y del diablo, aunque si la visión espiritual del hombre es independiente de la visión de Dios, lo más seguro es que esté siendo engañado por las tinieblas.

Por eso es de suma importancia pedirle a Dios que te ayude a tener Su visión para lograr discernir los ambientes, qué es lo que se está moviendo a consecuencia de lo que el diablo está trabajando en contra de tu vida, porque sabiendo que estás siendo debidamente equipado como combatiente de liberación, equipado como un soldado del ejército de Dios para estar debidamente preparado en cualquier momento que surja el llamado a la guerra espiritual; el enemigo se lanzará de una forma más directa en contra tuya sabiendo cuál es tu potencial en guerra espiritual.

De aquí entonces el hecho de la importancia vital de la existencia de los poderes latentes de tu victoria, los cuales deben estar desde tu ADN, desde la base de tu vida espiritual para que repercutan en tu vida física.

Describiré a continuación la cita base que tomaré para el desarrollo del presente capítulo:

Hebreos 11:32-34 ¿Y qué más diré? Pues el tiempo me faltaría para contar de Gedeón, Barac, Sansón, Jefté, David, Samuel y los profetas; **33** quienes por la fe conquistaron reinos, hicieron justicia, obtuvieron promesas, cerraron bocas de leones, **34** apagaron la violencia del fuego, escaparon del filo de la espada; **siendo débiles, fueron hechos fuertes**, se hicieron poderosos en la guerra, pusieron en fuga a ejércitos extranjeros.

Sacaron fuerzas siendo débiles y se hicieron poderosos en la guerra bajo la guianza de Dios porque tuvieron Su favor en todo momento y se manifestó lo que Él les derramó a cada momento que lo necesitaron, de ahí entonces la explicación de lo siguiente:

- ✓ **Los poderes exógenos**, se originan en la parte externa, en Dios.

- ✓ **Los poderes endógenos,** se originan en el interior, en lo que Dios ya ha puesto en cada uno de sus hijos, porque no puedes negar que Dios ha invertido fuertemente en ti, derramando de Sus espíritus los cuales se quedan en ti, no son para un momento sino que permanecen en ti para que sean activados en el momento que sea necesario.

Los Latentes De Dios

El adjetivo **latente** tiene su origen en el vocablo del latín **latens**.

Describe algo que está oculto, que se mantiene a la espera de entrar en funcionamiento o que, en apariencia, se encuentra inactivo.

Latente: existe, pero oculto y escondido, que existe aunque sin manifestarse o exteriorizarse.

- ✓ **latente** (Del lat. latens, -entis, estar escondido.)

Importante mencionar que con esta definición trataré de explicar que en tu vida hay cosas que están latentes y que se van a activar en su momento o en determinado evento; debo insistir en esto porque será la respuesta a las decisiones que tomes, por las circunstancias que se muevan a tu alrededor; con lo cual puedes comprender entonces que Dios, aunque está presente contigo en todo momento y está presto para ayudarte, de ser posible El personalmente; también te ha equipado, te ha adiestrado con armas espirituales para que sean activadas en el mejor momento, Dios no te ha dejado desprotegido sino que, estás muy bien equipado, solamente debes saber cómo activar Sus poderes.

Lamentablemente hay gente que tiene esos poderes pero no lo cree como es debido porque le ha creído más al diablo que a la palabra de Dios, de tal manera que eso permite que sean llenos de complejos en su vida, tienen una baja estima, desanimo, depresión, duda e incredulidad. Todos esos factores son los estorbos para que la gente no pueda ver lo que tienen dentro de ellos y que es de parte de Dios, no pueden activar entonces esos poderes por falta de fe.

Por eso es necesario que cuando asistas a la congregación, lo hagas con la convicción que te encontrarás con el Señor Jesucristo y que en ese día serás más equipado de lo que ya eres, serás fortalecido y tu preparación seguirá avanzando. Siempre que te congregues debes llegar con esa esperanza que, Dios te hablará de una forma especial, ciertamente te habla en lo íntimo de tu corazón, cuando estás a solas con El; pero en la congregación después de alabarlo y adorarlo debes tener la seguridad que te hablará y dentro de todo lo que te hable, te dará nuevas estrategias de guerra que no conoces quizá; te hablará de amor, pero también de guerra porque recuerda que El es varón de guerra (**Éxodo 15:3 R60**).

Siendo humano, debes saber que tienes **LATENTE** un **ADN** llamado hasta hace unos años atrás como **ADN basura**, del que se creía hasta antes del año 2012 que no servía o no tenia ningún uso dentro del cuerpo. Sin embargo, ahí es dónde se encuentra lo latente de muchas cosas que tienen que ver con la victoria de parte de Dios, de lo que El ha puesto en ti desde la preexistencia.

Este **ADN basura**, es como algunos órganos que se creían sin función alguna, por ejemplo: el apéndice, también el órgano llamado el TIMO (enfrente del corazón y detrás del esternón), se creía que no tenían ninguna función, es más, se decía que esos órganos generaban problemas al cuerpo. Pero realmente ¿cómo es posible que se crea que el cuerpo, habiendo sido hecho a la perfección en su funcionamiento, la ciencia crea que hay órganos que no sirven para nada? Incluso hasta algunos dientes se les ha llegado a llamar, muelas del juicio, creyendo que es necesario extraerlas sin razón alguna.

Al punto adonde quiero llegar es que, Dios no puso ningún órgano de más ni de menos; los problemas que el cuerpo humano pueda tener es porque el mismo hombre los ha ocasionado por muchas razones, pero Dios, hizo tu cuerpo para que funcione a la perfección porque El es perfecto.

El apéndice, notorio por su tendencia a inflamarse hasta llegar al punto de explotar, ha sido históricamente visto como un órgano vestigial sin función real. Pero una nueva investigación apoya la idea de que ese órgano puede tener un importante propósito: proteger el cuerpo de las bacterias que viven en el intestino.

El timo es un órgano linfoide primario, especializado en el sistema inmunológico. Dentro del timo maduran las células **T**, imprescindibles para el sistema inmunitario adaptativo, es el lugar en donde el cuerpo se adapta específicamente a los invasores externos.

Las conclusiones con los órganos anteriores era que la única función primaria que tenían era en la faceta embrionaria, como la placenta que dura sólo 40 semanas; de igual manera el ADN al que se le llama ADN basura; pero en la actualidad todo eso ha cambiado, porque la ciencia revela que todo dentro del cuerpo humano, el modelo original instalado por Dios, tiene una función cada parte por pequeña que sea.

¿POR QUÉ SE LE LLAMÓ ADN BASURA?

Los genetistas sabían desde el pasado siglo XX que, existen básicamente dos tipos de ADN en el núcleo de las células.

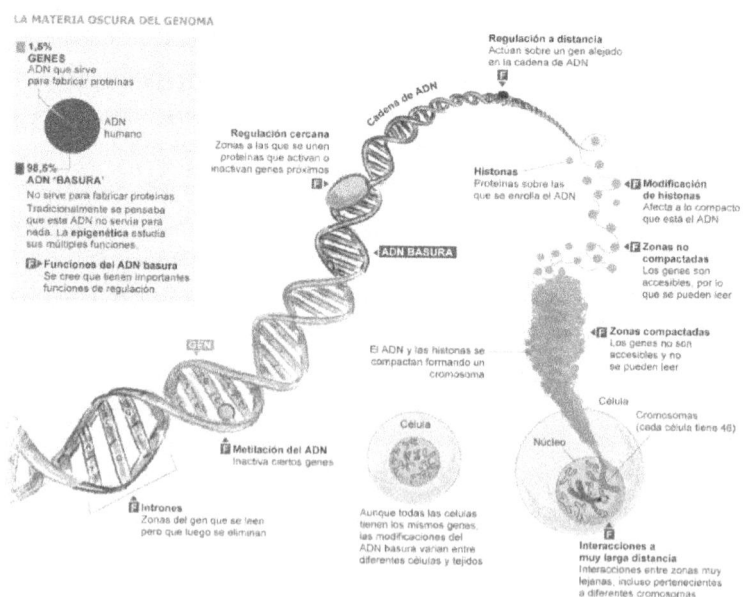

ADN BUENO, considerado así porque se conocía su función, era el que contenía la información necesaria para producir (codificar) proteínas.

ADN NEGATIVO, mientras que el otro ADN, al no reconocérsele ninguna función relevante, puesto que no codificaba proteínas; se consideraba como desecho genético y así se le denominó despectivamente **ADN basura**.

Lo que la ciencia terminó llamando **ADN basura**, la Biblia lo llama **ADN latente** el cual es necesario que sea activado y del cual existen por lo menos 8 diferentes formas de activarlo. Debería llamar mucho la atención en la ciencia que, no es posible que solamente **el 1.5% sea de ADN positivo y 98.5% ADN basura**, lo cual ni siquiera tiene sentido, sin embargo fue lo que la ciencia descubrió; esto sin contar que en realidad la creación del ADN solamente se le puede acreditar a las manos de Dios porque nadie tiene la capacidad de crear tal elemento por su complejidad; de tal manera que si el ADN es una ingeniería divina puesta en tu ser, ¿tiene sentido que Dios haya dejado el 98.5% de ese ADN en calidad de basura?

Lamentablemente se ha acreditado la teoría de la evolución a personas por lo que dijeron:

✓ La síntesis evolutiva moderna neodarwinista o neodarwinismo.
✓ La teoría de la evolución de Charles Darwin, la teoría genética de Gregor Mendel.

Por estos personajes y bajo sus teorías es que se enseñó por mucho tiempo que el hombre es descendiente del animal que comúnmente se conoce como mono o chimpancé y fue hasta la década pasada donde se cambió la teoría de Darwin. Fue hace pocos años donde Estados Unidos de América asignó presupuesto para lo que se dio en conocer el proyecto del genoma humano.

En el año 2006 se realizó otra inversión (**por sus siglas en ingles ENCODE**), se describe como Enciclopedia de los Elementos del ADN. Esta investigación fue realizada del año 2006 hasta el año 2012, tiempo durante el cual la idea de lo que fue llamado ADN basura, ha estado cambiando.

El ADN Llamado Basura

Los científicos descubren los secretos ocultos del ADN (proyecto ENCODE)

De sus 3.000 millones de letras químicas (los nucleótidos) repartidos en 23 cromosomas.

Entonces, como ya lo señalé, hasta hace poco se creía lo siguiente:

- ✓ Solamente el 1.5% aparecía como funcional, de los llamados genes.

- ✓ Obviamente el 98.5% restante era basura genómica.

Las investigaciones y macro estudio internacional

- ✓ Descubren que un 95% de la información genética tiene utilidad.

- ✓ No solamente el 1.5% que se pensaba originalmente.

Una vez que la ciencia ha logrado traspasar la barrera que los había detenido en la manipulación genética; empezaron a realizar más investigaciones con animales, de tal manera que en el año 2006, en una granja de aves, donde los científicos hicieron manipulación de genes con pollos; llegaron a la faceta del embrión de los pollos, pudiendo notar que tenían dientes.

Ahora lo interesante es que, hace 80 millones de años, y bajo comprobación científica, se determinó que las aves tenían dientes, de tal manera que llegaron a la conclusión que esa característica en los animales, por alguna razón que desconocen, ese ADN quedó desactivado y considerado igualmente como ADN basura, pero bajo la manipulación genética que realizaron, lograron activar ese ADN que ha estado latente en las aves.

¿Cuál es la aplicación espiritual en todo esto?

Es para que puedas notar que Dios ha dejado en tu ser elementos divinos que están latentes y que solamente debes descubrir cómo activarlos, pero para eso es necesario que lo creas.

Hebreos 11:32 (NRV1990) ...apagaron fuegos impetuosos, evitaron filo de espada, **sacaron fuerza de la debilidad**, fueron valientes en batallas y rechazaron ejércitos extranjeros.

Hebreos 11:32 (NT Navarra) ...apagaron la violencia del fuego, escaparon del filo de la espada, **se curaron de sus enfermedades**, fueron valientes en la guerra y abatieron ejércitos extranjeros.

Sacaron poder para ser fuertes o sanarse, esta es la diferencia de poderes exógenos y endógenos. Con esto lo que estoy dando a entender es que Dios pone en ti, espíritu de fortaleza antes que lleguen los problemas para que los puedas resistir y seas fortalecido en Cristo Jesús pero considerando que eso es algo que tienes dentro y lo único que necesitas es activarlo.

Como puedes ver en la cita que describí, una tradujo que **sacaron fuerza de debilidad**, la otra dice que **se curaron de sus enfermedades**, dicho en otras palabras, **sacaron ese poder que estaba latente y pudieron curarse de sus enfermedades**.

Debilidad o enfermedad G769: astenia asdséneia, debilidad (de cuerpo o mente); por implicación enfermedad; moralmente fragilidad: débil, debilidad, enfermedad, enfermo.

Menciono todo esto porque los genetistas que se han dado a este estudio, han dicho que sus investigaciones los llevarán a que en lo que hicieron llamar en el pasado como el **ADN** basura; la forma sanar de enfermedades terminales a quien pueda estar padeciendo de todo eso; ellos tienen la teoría que dentro de la persona enferma, está la sanidad para el cáncer que estén atravesando los enfermos o de todas aquellas enfermedades que hasta hoy se han considerado como terminales o incurables.

Pero lo que debes comprender entonces es que, Dios depositó en ti la sanidad que necesitas en lo espiritual y en lo físico; insisto, lo único que necesitas es encontrar la forma de activarla.

Los Poderes Endógenos: El ADN Latente

W.I.T. Los científicos, en conjunto con el Proyecto Genoma Humano y la Universidad Bob Jones, han hecho lo que puede ser el descubrimiento más sorprendente de esta o cualquier otra generación.

Mientras trabajaban para comprender y mapear la función de las secuencias de ADN en el genoma humano conocido como "ADN basura" (por su falta de función conocida), los científicos de W.I.T. notaron que si bien las secuencias de ADN que estaban viendo tenían poca semejanza con la codificación de la función biológica, tenían una sorprendente similitud con los patrones del lenguaje humano.

Dicho en otras palabras, cada código que los científicos veían, lograban asociarlo a letras con lo cual pudieron notar que existía cierto patrón al lenguaje humano, no eran simples figuras, sino, letras.

Los científicos rápidamente se pusieron en contacto para trabajar en estrecha colaboración con lingüistas y filólogos de la Universidad Bob Jones, Maestros lingüísticos en la Universidad Bob Jones, comenzaron a tratar de traducir los segmentos descodificados que el WIT le había proporcionando.

www.http://witscience.org

EL ADN BASURA

Las secuencias tenían una composición de las palabras en idiomas humanos. La gran sorpresa cuando descubrieron de que había un lenguaje único que podía traducir ese código, sólo un idioma traduce los filamentos secuenciales del ADN. El idioma que hay en el **ADN basura**, que los científicos por años han desechado como inútil, **es del arameo antiguo**.

En el gen humano PYGB, Phosporomylase glucógeno, un transposón no codificante, tiene una secuencia lingüística que se traduce de la siguiente forma:

✓ **En el primer descanso del día, Dios hizo el cielo y la la tierra "1".**

Esto tiene un parecido sorprendente con:

✓ **Génesis 1:1** En el principio creó Dios los cielos y la tierra.

El Gen BMP3 tiene una secuencia de retrotransposones que se traduce como en las escrituras conocidas:

✓ **1 Corintios 6:19** ¿O ignoráis que vuestro cuerpo es el templo del Espíritu ? Santo, que está en vosotros, el cual tenéis de Dios.

Esto se repite varias veces a lo largo de la secuencia del ADN humano considerado hasta hace algunos años como ADN basura, sin embargo en lugar de ser basura, es un mensaje codificado que Dios depositó con tu identidad el cual está latente y con una manera de activarlo.

Los Códigos De La Reconstrucción

No puedo negar que con la caída del hombre en el huerto del Edén, el ser humano involucionó cayendo en decadencia y hasta la muerte, lo cual quedó en el ADN que fue considerado como basura cuyo porcentaje es 98.5%; eso fue lo que

Dios deshabilitó en el momento de la caída del hombre.

Génesis 2:17 ...pero del árbol del conocimiento del bien y del mal no comerás, porque el día que de él comas, ciertamente morirás.

Recuerda que Dios te llamó de la esclavitud a la libertad, pero aún ahí hay leyes, por eso dice la Biblia que estás bajo la ley de la libertad, de otra manera podrías ser llamado inicuo, el que vive sin ley; de tal manera que cuando Dios puso al hombre en el huerto del Edén, le puso condiciones también, había libertad de comer de todo, excepto del árbol del conocimiento del bien y del mal; esa desobediencia lo llevó a que fuera desactivado en un 98.5% en su genoma.

LO LATENTE DE LAS DERROTAS

- ✓ El cuerpo tuvo la habilidad de reconstruirse por sí solo.

- ✓ Sin embargo algo pasó en los códigos genéticos, es decir algo contrario a esa habilidad de reconstruirse por sí solo y en lugar de evolucionar, inició la involución.

- ✓ Eso contrario de reconstruirse por sí mismo le dio otro camino que lo llevó a la muerte.

✓ Es decir que al nacer, comienza ese curso de involución: Nace, crece, madura, envejece (vuelve hacer como niño) y muere.

✓ La muerte física dicen los científicos, es un problema que se encuentra en algún lugar de los genes humanos.

LA INTERRUPCIÓN DE LA VIDA

Según los científicos, en algún lugar de los genes humanos se encuentra una información de **DECADENCIA y VEJES** que no debería estar ahí, ellos dicen que algo sucedió, que hubo una interrupción en la habilidad de reconstrucción a los daños del cuerpo que, se activó a consecuencia de la desobediencia, o sea, toda causa tiene un efecto, así como obediencia es igual a evolución, desobediencia es igual a activar la involución.

Ahora bien, ¿cuál es el propósito de todo esto?, que sepas qué es lo que tienes dentro de ti para que lo apliques y que de esa manera alcances la sanidad, seas victorioso, libre, te abras paso, etc., ese es el propósito por lo cual Dios te está revelando todo esto, además que el tiempo está por cumplirse donde saldrás de la Tierra para el encuentro en las nubes con el Señor Jesucristo.

Debes saber que, si los hombres de la antigüedad tuvieron el privilegio de ver cosas extraordinarias; ahora estando en un mejor pacto que ellos, verás cosas aún mayores. A pesar del descredito que pueda tener la Iglesia de Cristo para este tiempo, a pesar de la batalla interna en la Iglesia de Cristo porque lamentablemente existen grupos cristianos que se ocupan en estar criticando a otros porque lo que buscan es el poder absoluto; a pesar de todo lo que pueda estar pasando; el deseo de Dios es que tu fe sea fortalecida para que veas y creas en los verdaderos milagros que vienen de parte Suya.

Eso significa también que si alguien cree verdaderamente en Dios y en Su poder, recibirá el milagro que necesite sin necesidad de asistir a ninguna campaña de milagros, a ninguna cruzada de milagros de ningún personaje porque eso depende de Dios y no de Sus siervos. Recibirás el milagro que necesitas en medio de la congregación después de haberlo alabado y adorado porque eso hará que Dios sea glorificado sin que haya quien pretenda quedarse con lo que solamente le pertenece a El, toda la gloria de Dios.

LOS ACTIVADORES DEL ADN LATENTE DE LA NUEVA CREACIÓN

Este ADN llamado basura, codifica lo que está relacionado a la nueva criatura que eres en Cristo y el poder y resistencia de los más que vencedores.

CRISTO SE ACTIVA EL ADN LATENTE

2 Corintios 5:17 De modo que si alguno está en Cristo, **nueva criatura es**; las cosas viejas pasaron; he aquí, son hechas nuevas.

En Cristo se activa el ADN latente para que se vaya dando la recreación de la nueva criatura que eres, lo cual es más que un versículo que los teólogos pretendan que los creyentes se lo aprendan de memoria; este versículo es para que lo vivas porque si estás en Cristo, te están haciendo de nuevo; aunque muchos no lo acepten, Darwin se equivocó con su teoría porque tú no provienes del mono, tú fuiste hecho a la imagen y semejanza de Dios, de tal manera que si el enemigo te engañó para que te desviaras, hoy debes aprovechar la oportunidad de lo que Dios está trabajando en ti.

LOS ACTIVADORES DEL ADN LATENTE

✓ **La santa cena: gen de resistencia.**

✓ **El bautismo en agua: gen de novedad de vida.**

- ✓ **El ayuno: gen de vida piadosa.**

- ✓ **La oración: gen de comunión.**

- ✓ **La adoración: gen de reverencia y presencia.**

- ✓ **La ministración al alma: gen de esperanza.**

- ✓ **La liberación del alma: gen de libertad.**

- ✓ **La unidad: gen de gloria - Juan 17:21-22.**

Es un ADN basura considerado así por el mundo pero con funciones espirituales para bendición de la Iglesia de Cristo, y aunque son funciones espirituales, tienen repercusión total en lo físico:

- ✓ Codifica dones espirituales.
- ✓ Codifica capacidades espirituales de acuerdo a tu llamamiento.
- ✓ Codifica poderes divinos de vencedor.
- ✓ Codifica resistencia.

Este ADN llamado basura codifica lo que está relacionado a la nueva creatura que eres, como ya te lo señalé, en Cristo y el poder y resistencia de los más que vencedores.

Romanos 6:3-4 ¿O no sabéis que todos los que hemos sido bautizados en Cristo Jesús, hemos sido bautizados en su muerte? **4** Por tanto, hemos sido sepultados con El por medio del bautismo para muerte, a fin de que como Cristo resucitó de entre los muertos por la gloria del Padre, **así también nosotros andemos en novedad de vida**.

Juan 17:21-22 ...para que todos sean uno. Como tú, oh Padre, estás en mí y yo en ti, que también ellos estén en nosotros, para que el mundo crea que tú me enviaste. **22 La gloria que me diste les he dado**, para que sean uno, así como nosotros somos uno...

Debo insistir en esto: la Santa Cena puede activar en ti códigos latentes que Dios te puso desde que fuiste entretejido en el vientre de tu mamá; seguramente no sabes qué es lo que llevas dentro, razón por la cual en el momento que empieza a manifestarse lo que realmente eres, todos serán sorprendidos porque nadie imagina lo que llevas en ti de parte de Dios, ninguno espera que tengas la resistencia que alcanzarás a tener en medio de cualquier tormenta.

Muchos sabrán los problemas por los que estés atravesando y no se explicarán de dónde obtienes la resistencia para no perder el gozo de tu salvación y seguir buscando a Dios de todo corazón. La respuesta está en que la Santa Cena te activó ese ADN que habías tenido de forma latente desde hace mucho tiempo, pero llegó el momento en que le creíste a Dios y todo cambió para ti porque ahora tu fuerza proviene de lo que El depositó en ti y que estaba preparado para el momento en que finalmente fue activado en ti.

El ADN Latente Del Más Que Vencedor

Como nueva creación, has heredado el ADN de la sangre de Cristo, el ADN divino, de tal manera que en tu crisis, se activa un gen que está latente, es el gen de ser más que vencedor.

Romanos 8:37-39 Pero en todas estas cosas somos más que vencedores por medio de aquel que nos amó. **38** Porque estoy convencido de que ni la muerte, ni la vida, ni ángeles, ni principados, ni lo presente, ni lo por venir, ni los poderes, **39** ni lo alto, ni lo profundo, ni ninguna otra cosa creada nos podrá separar del amor de Dios que es en Cristo Jesús Señor nuestro.

Por eso no debes llega a la congregación pretendiendo cumplir un rito sin sentido, como una costumbre solamente; debes llegar con la expectativa de lo nuevo que hará Dios en ti y que cuando regreses a tu casa, llegarás siendo alguien nuevo con el ADN latente debidamente activado. En la congregación no puedes estar como un espectador viendo qué le sucede a los demás, viendo cómo son liberados, viendo cómo se activa en ellos los genes que estuvieron latentes para el día en que fueron activados.

Llega a la congregación y pídele a Dios que cambie tu vida por completo, de tal manera que, cuando el diablo pretenda lanzar un ataque en contra tuya, llegue a la conclusión que solamente estará perdiendo el tiempo porque no te hará retroceder ante sus ataques, sino por el contrario, serás como el búfalo que camina contra la tormenta y no retrocede porque los ADN que la ciencia consideró como basura, Dios los activará convirtiéndolos en una fuerza espiritual que no será comprensible al entendimiento humano.

DIAGRAMA DE REPARACIÓN DEL ADN

En este diagrama verás cómo la santa cena opera en la reparación de tu ADN. Esto se llama reparación por eccisión (del inglés excisión repair).

Hay varios mecanismos de reparación de ADN y este es UNO de ellos.

Estos mismos diagramas los pudiste ver con una mayor explicación quizá en el libro **LOS ANCESTROS**, pero lo considero como material didáctico para dejarlo plasmado nuevamente y que puedas tener mayor comprensión a lo que estoy enseñándote:

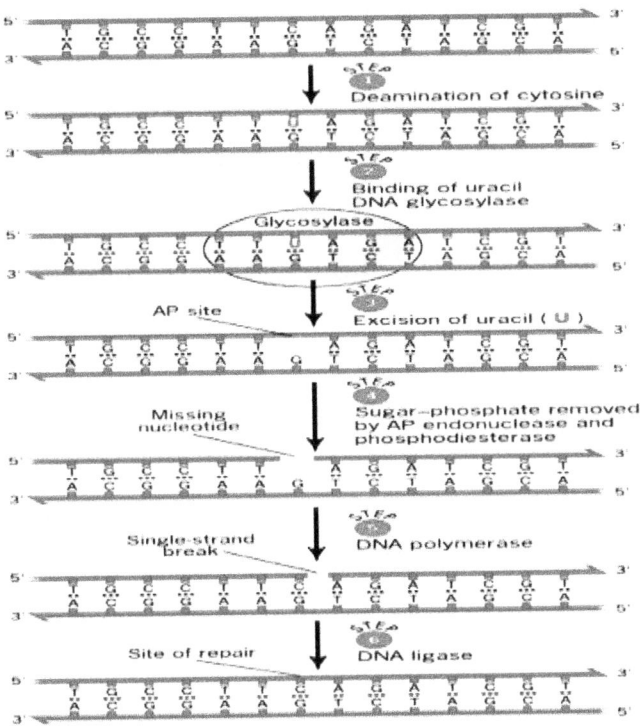

Este diagrama representa el resumen de los que sucede en la reparación de tu ADN, pero para hacerlo de una forma más didáctica, lo separaré por ciclos y así puedas tener una mejor comprensión:

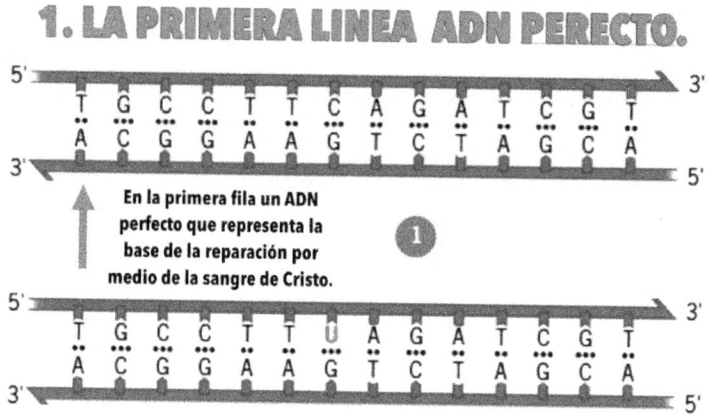

En este diagrama se puede observar en la primera fila un ADN normal, una doble hélice: dos hileras unidas como si fuera una escalera. Las hileras están unidas por el emparejamiento de las bases nitrogenadas que componen el ADN. Hacia eso es a lo que te conduce la santa cena, al momento original de cuando fuiste creado, por eso es ADN perfecto.

Por consiguiente, debes darle la reverencia que merece el momento en que vas a acercarte a la mesa del Señor Jesucristo, no estoy diciendo que lo hagas de forma religiosa y camines como si fueras santo de pueblo desconocido; recuerda que estás por cambiar radicalmente toda tu vida si tan sólo lo crees. Aquellos recuerdos dolorosos que te han impedido caminar en libertad desaparecerán porque eso es una de las cosas que suceden en la Santa Cena, se cambia tu memoria por la del Señor Jesucristo, tus pensamientos pecaminosos son anulados y echados fuera de tu mente y en su lugar son puestos pensamientos de santidad.

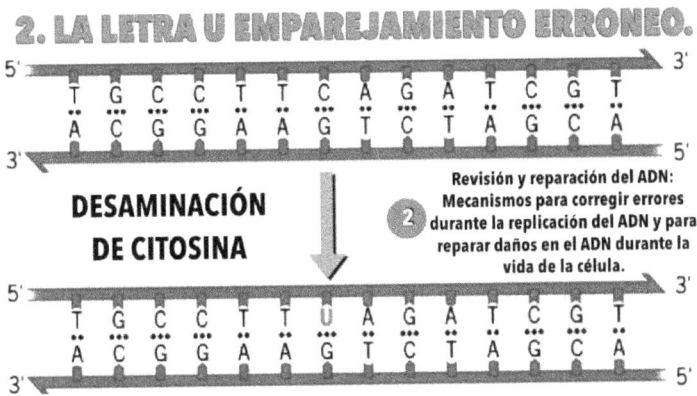

Si hay un emparejamiento erróneo (representado por la letra "U" en esta gráfica), el ADN es dañado o se convierte en un ADN diferente con funciones diferentes.

DESAMINACIÓN DE CITOSINA: significa revisión y reparación del ADN.

El proceso de la reparación:

- ✓ Las células tienen varios mecanismos para prevenir mutaciones o cambios permanentes en la secuencia del ADN.

El ADN Latente Del Victorioso

✓ Durante la síntesis del ADN, la mayoría del ADN polimerasas, comprueban su trabajo y arreglan la mayoría de las bases mal emparejadas en un proceso llamado corrección.

✓ Inmediatamente después de la síntesis de ADN, es posible detectar y reemplazar cualquier base mal emparejada restante en un proceso llamado reparación de mal apareamiento.

✓ Si el ADN se daña, se puede reparar por varios mecanismos, que incluyen reversión química, reparación por escisión y reparación de ruptura de la doble cadena.

3. ADN GLICOSILASA DETECTA EL ERROR

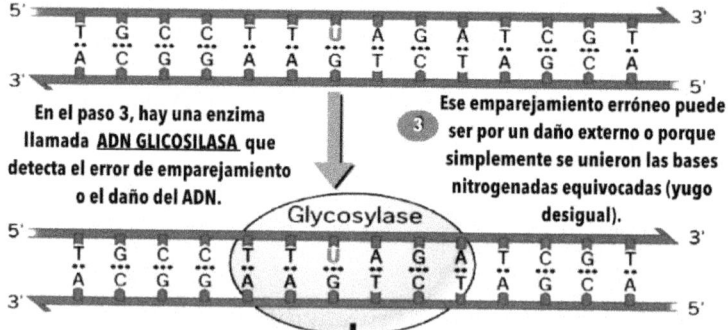

En el paso 3, hay una enzima llamada ADN GLICOSILASA que detecta el error de emparejamiento o el daño del ADN.

Ese emparejamiento erróneo puede ser por un daño externo o porque simplemente se unieron las bases nitrogenadas equivocadas (yugo desigual).

YUGO DESIGUAL: EMPAREJAMIENTO ERRÓNEO

Ese emparejamiento erróneo puede ser por un daño externo o porque simplemente se unieron las bases nitrogenadas equivocadas (yugo desigual). Esto fue por algo externo que produjo el cambio. Esto está dañando el ADN. La enzima Glicosilasa revisa todo el ADN hasta que encuentra un error o daño (esto se llama revisión).

El problema con esta situación es que, si no se corrige, ese ADN proveerá información que no beneficia a la persona, le puede ministrar debilidad, enfermedad, todo aquello que sea contrario a la persona al punto se crearle una enfermedad autoinmune, una enfermedad que, por la mala información que está ministrando al cuerpo, se vuelve en contra del organismo y lo empieza a destruir sin que haya nada que lo ayude. También puede ser que en la descendencia de aquella persona, vengan con el problema activado y desde que nazcan empieza una autodestrucción a causa de una enfermedad terminal.

Espiritualmente hablando, el encargado entonces de detectar ese tipo de situaciones es el Espíritu Santo en la base de la ministración de la santa cena, en la ministración del vino, de la sangre divina del Señor Jesucristo.

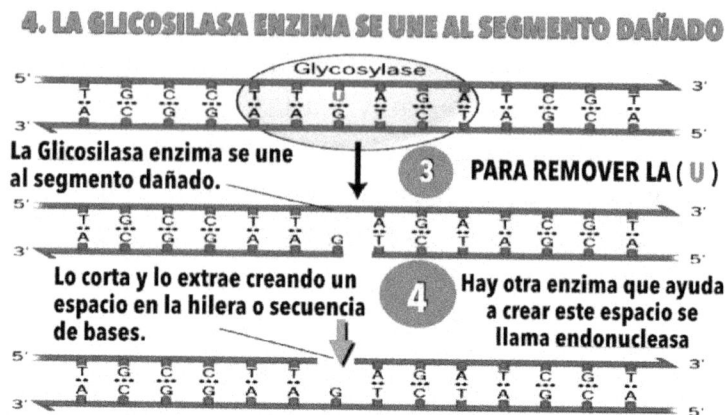

La enzima Glicosilasa se une al segmento dañado, lo corta y extrae creando un espacio en la hilera o secuencia de bases (paso 3 y 4). Hay otra enzima que ayuda a crear este espacio, se llama endonucleasa (paso 4).

En el paso 5 y 6, la enzima ADN Polimerasa y Ligasa, rellenan el espacio que quedó vacío con el segmento de ADN correcto. Usan como molde, la hilera de ADN que estaba sana, entonces el ADN vuelve a su estado original de como Dios lo diseñó, pero el punto entonces es que, tienes todo este beneficio si al acercarte a la mesa del Señor Jesucristo lo haces con el temor reverente a Dios como es debido y crees en lo que El ha prometido.

EL ADN LATENTE TE HACE MÁS QUE VENCEDOR

Entonces la Santa Cena te hace más que vencedor porque reactiva el ADN latente, es el único camino para reactivarlo y darle el lugar que le corresponde, de manera que, aunque errónea, había sido llamado por los discípulos de DARWIN, ADN BASURA, pero hoy empieza a funcionar como es debido en el nombre de Jesús; ese es un poder ENDÓGENO que esta ahí, empezó a ser latente cuando entró Cristo a tu vida y se activa con la santa cena.

El Gen De La Resistencia

1. Este es un gen protector.
2. Se lleva en la sangre.
3. Tiene mayor potencia de SEROTONINA (*).

4. Sólo un tercio de la población lo logra de una manera natural gracias a un gen específico.
5. Según los genetistas se identifica como **5HT2**.
6. Se puede reparar en el ADN pero por intervención divina.

Los receptores de serotonina modulan distintos procesos biológicos y neurológicos, como la agresión, la ansiedad, el apetito, el aprendizaje, la memoria, el estado de ánimo, la nausea, el sueño.

La buena noticia

Todos podemos desarrollarla y lograr una actitud resistente para afrontar con éxito los problemas emocionales y tener una vida satisfactoria, pero todo inicia entonces cuando el Señor Jesucristo activa ese ADN latente para crear resistencia a los embates de la vida causados por el enemigo y que seas formado como un guerrero espiritual porque llevas el ADN divino del Señor Jesucristo ministrado en Su sangre, en el vino de la santa cena.

(*) Los receptores de serotonina son el objetivo de una variedad de fármacos y drogas ilegales, que incluye muchos agentes antidepresivos, antipsicóticos, anorexígenos, antieméticos, procinéticos, antimigrañosos, alucinógenos, empatógenos y entactógenos.

LOS RESISTENTES SON LOS MÁS QUE VENCEDORES

✓ Las personas resistentes se hacen y/o activan.

✓ Son formados a través de las luchas y corregidos en la palestra del guerrero espiritual, como lo expliqué ampliamente en el libro que Dios me permitió escribir precisamente bajo el mismo nombre: **LA PALESTRA DEL GUERRERO ESPIRITUAL**.

✓ Luchan contra situaciones adversas pero bajo la perspectiva de más que vencedor.

✓ Es posible que hayan probado varias veces el sabor del fracaso, pero Dios permite que sean levantados en el nombre de Jesús porque tienen activado ese ADN que estuvo latente hasta que finalmente el día que se los activaron, obtuvieron la fuerza divina para derrotar al adversario en el nombre de Jesús.

✓ Al encontrarse al borde del abismo, han dado lo mejor de sí y han desarrollado las habilidades necesarias para enfrentarse a los diferentes retos de la vida.

Hebreos 11:32-38 (LBLA) ¿Y qué más diré? Pues el tiempo me faltaría para contar de Gedeón, Barac, Sansón, Jefté, David, Samuel y los profetas; **33** quienes **por la fe** conquistaron reinos, hicieron justicia, obtuvieron promesas, cerraron bocas de leones, **34** apagaron la violencia del fuego, escaparon del filo de la espada; **siendo débiles, fueron hechos fuertes, se hicieron poderosos en la guerra**, pusieron en fuga a ejércitos extranjeros. **35** Las mujeres recibieron a sus muertos mediante la resurrección; y otros fueron torturados, no aceptando su liberación, a fin de obtener una mejor resurrección. **36** Otros experimentaron vituperios y azotes, y hasta cadenas y prisiones. **37** Fueron apedreados, aserrados, tentados, muertos a espada; anduvieron de aquí para allá cubiertos con pieles de ovejas y de cabras; destituidos, afligidos, maltratados **38** (de los cuales el mundo no era digno), errantes por desiertos y montañas, por cuevas y cavernas de la tierra.

Si la Biblia hace referencia en repetidas ocasiones diciendo: ...al que venciere... significa que habrá oposición, habrá adversidades; por eso insisto en que debes tomar en serio toda la preparación del guerrero espiritual porque no es un juego, no es un eslogan publicitario, no estoy llenando un espacio, menos aún escribiendo libros porque no tenga otra cosa qué hacer. Dios me llamó a trabajar a Su obra y eso hago, me mando a que dejara plasmado por escrito con lo que me ha instruido y eso hago; ahora depende de ti que hagas lo que te corresponde esforzándote por ser capacitado para llegar a ser todo un guerrero espiritual.

LA RESISTENCIA

La resistencia es la capacidad que tiene una persona de recuperarse frente a la adversidad para seguir proyectando el futuro. En ocasiones, las circunstancias difíciles o traumas, permiten desarrollar recursos que se encontraban **latentes** y que desconocías hasta ese momento, lo cual te ayuda a que enfrentes tus temores con valentía y estrategia de guerra espiritual.

- ✓ El Diccionario de la Real Academia Española usa la palabra «resistencia»: «capacidad para resistir» o «causa que se opone a la acción de una fuerza».

- ✓ La Real Academia Española en la vigésima tercera edición, dice de la palabra **resistencia**, que es la capacidad humana de asumir con flexibilidad situaciones al límite y sobreponerse a ellas.

✓ La resistencia soporta la adversidad con un enfoque positivo que soporta el estrés y te ministra capacidad para superarte, para transformar esa circunstancia negativa en oportunidad de desarrollo, para lograr salir fortalecido de toda situación adversa.

✓ Ser resistente no quiere decir que la persona no experimente tristeza o angustia.

✓ La resistencia no es una característica que la gente tiene o no tiene de forma absoluta, sino que, es el resultado de conductas, pensamientos y emociones que conforman la personalidad y, al mismo tiempo, pueden ser aprendidas o modificadas.

✓ Los resistentes saben afrontar las dificultades sin miedo, por lo que son más estables anímicamente.

✓ La resistencia se traduce como: **toda herida puede ser superable**.

Josué 1:9 ¿No te lo he ordenado yo? ¡Sé fuerte y valiente! No temas ni te acobardes, porque el

SEÑOR tu Dios estará contigo dondequiera que vayas.

LA RESISTENCIA ES EL GEN LATENTE QUE LO ACTIVA EN LAS CIRCUNSTANCIAS DIFICILES

LA CAPACIDAD DE LEVANTARSE ¿QUIÉNES SON LOS RESILIENTES?

De esta manera, las personas resilientes no sólo son capaces de sobreponerse a las adversidades que les ha tocado vivir, sino que, van un paso más allá y utilizan esas situaciones adversas para crecer y desarrollar al máximo su potencial.

- ✓ Para las personas resilientes no existe una vida dura, sino momentos difíciles.

- ✓ Una manera diferente de ver el mundo, ya que son conscientes de que después de la tormenta llega la calma.

TIENES DOS OPCIONES

1. Dejarte vencer y sentir que has fracasado.

2. Sobreponerte y salir fortalecido.

Tienes la opción de convertir la caída en impulso o bien, ignorar el desafío y convertirte en víctima del fracaso.

Cuando ocurre un suceso traumático, sólo tienes dos opciones:

1. Te autodestruyes o te creces.

2. Te conviertes en una víctima o aprendes de lo que te ha ocurrido y te superas.

Levantarse es ser capaz de afrontar las crisis, batallas, luchas, combates, adversidades, presiones, ataques o situaciones potencialmente traumáticas y salir fortalecidos de ellas.

✓ La capacidad de levantarse es el término que se define en los resilientes.

✓ La palabra proviene del latín resalire, **saltar y volver a saltar**, **recomenzar**.

✓ La palabra resiliencia designa la capacidad del acero para recuperar su forma inicial a pesar de los golpes que pueda recibir y a pesar de los esfuerzos que puedan hacerse para deformarlo.

- ✓ La resiliencia implica reestructurar tus recursos del alma, mente, emociones, sentimientos (psicológicos) en función de las nuevas circunstancias y de tus necesidades.

- ✓ **La resiliencia según la ingeniería**, es la capacidad de absorber un impacto y almacenar energía sin deformarse.

- ✓ **La resiliencia en la neurología** es el potencial para afrontar una situación adversa, superarla y salir fortalecido.

- ✓ **La resiliencia en traumatología** es la capacidad del tejido óseo de crecer en sentido correcto después de una fractura.

- ✓ **La resiliencia en biología** define a las creaturas resilientes como aquellas que pueden adaptarse al ecosistema y a los cambios que ocurren.

- ✓ **La resiliencia en psicología** se dice que es la capacidad que tienen las personas de asumir circunstancias traumáticas y recuperarse, superación y recuperación unidos de la mano.

✓ **En salud mental**, la resiliencia promueve la salud mental y emocional y aporta calidad de vida.

✓ **LA RESILIENCIA BÍBLICAMENTE**, son los más que vencedores, es la capacidad de doblarse sin partirse.

2 Timoteo 1:7 Porque no nos ha dado Dios espíritu de cobardía, sino de poder, de amor y de dominio propio.

2 Timoteo 1:7 For God hath not given us the spirit of fear; but of power, and of love, and of a sound mind. (**En psiquiatría es salud mental**).

El ADN Con Los Pensamientos Generacionales

Capítulo 6

Como es obvio, la mente tiene una influencia directa del ADN, razón por la cual el propósito en este capitulo es que se fortalezca todo lo que ya estudiaste en los capítulos anterior y consecuentemente sea todo ese conocimiento enriquecido para aprender cada vez más acerca de tu mente. Es por eso que me enfocaré entonces en el plano o lo que se conoce en las ciencias enfocada a la construcción, como el blueprint, solamente que, de la identidad mental.

Pensando como un profesional en la construcción, un arquitecto o un ingeniero civil, puedo ver que cada construcción en la que participan, tiene un diseño específico e incomparable, no se verá en otro lugar aunque de pronto puedan pensar en hacer otro igual, quizá sea parecido pero nunca igual, es como decir que ese diseño tiene derechos reservados. Lo mismo sucede con tu mente, tienes un diseño específico cuyo arquitecto es Dios, tienes una identidad única con un plano celestial con derechos reservados por Dios, siendo El, el único que puede decidir cualquier cosa para cambiar tu mente de su diseño original perfecto por cuanto está preparada desde la preexistencia.

El Blueprint De La Identidad De La Mente

A continuación describiré la cita base que me servirá para el desarrollo del este capítulo:

1 Corintios 2:16 Porque ¿QUIEN HA CONOCIDO LA MENTE DEL SEÑOR, PARA QUE LE INSTRUYA? Mas nosotros tenemos **la mente** *(Nous #3563)* **de Cristo**.

La identidad única de tu mente la encuentras en Cristo y en Su mente.

Cuando aprendes acerca de la composición de tu mente, puedes ver que tiene una identidad muy personal como ya lo mencioné; por consiguiente es lo que te hace único, a partir de ahí es que alcanzarás la meta en tu vida en el nombre de Jesús y sin importar cual sea esa meta, tendrás gozo haberla alcanzado porque ese habrá sido tu propósito por el cual viniste a la Tierra. Existe un dicho popular en el mundo que dice: cada cabeza es un mundo.

Hasta cierto punto ese dicho tiene un sentido lógico de lo que es realmente cada mente; es decir, si no operas en tu modo de pensar único *(personalizado: identidad mental única)*, la consecuencia será que habrás estado trabajando en contra de ti mismo e imitando otra mente, pero ese no fue el plan ni el diseño de Dios para tu vida.

También debes saber que, en cuanto a la identidad, cada uno tiene la propia en lo físico, en lo legal, lo cual es el nombre con el que te registraron tus padres y que de alguna forma puedo decir que igualmente se manifiesta en tu alma, es como un estigma que recibiste en calidad de herencia de parte de tus padres. Por último está la identidad de tu espíritu humano el cual es el identificador como Dios te conoce desde la preexistencial y que a la vez tiene una parte celestial que está relacionada con la mentalidad, es decir que, así como tu espíritu humano tiene identidad, igualmente la tiene tu mente que se manifiesta en la manera como piensas, actúas y hablas.

Por supuesto que cuando alguien sufre un impacto en su vida o cae bajo la influencia de una fuerza espiritual o física; puede ser que esa situación tenga repercusiones en su identidad mental. De tal manera que esa persona actúa entonces por un impacto negativo que sufrió o por el ejercicio de un despotismo que está padeciendo por una autoridad en la que se ve sometido diariamente en calidad de esclavitud.

Cuando un poder humano esclaviza y sojuzga a una persona, hace que la persona que está padeciendo el ataque, pierda la identidad de su mente la cual fue programada por Dios; de tal manera que termina entonces realizando actos que obedecen a una mente trastocada a consecuencia del padecimiento de la esclavitud y/o despotismo que ha sufrido anteriormente.

Un vez que empiezas a comprender la composición de tu mente, puedes vislumbrar la identidad que tienes y que sin importar la forma en que hayas nacido, una vez que mantienes lo que Dios estableció en ti, sin importar lo que sucedió en tu nacimiento, cumplirás el propósito de Dios en ti. Cuando digo que no importa lo que sucedió en tu nacimiento, me refiero a que existen personas que quizá son producto de una violación, un adulterio, una fornicación; en esos casos, Dios juzga el pecado, pero la persona que nació no es una maldición por cuanto es Dios quien permite la vida en cada uno y designa un propósito diferente en esas vidas.

De tal manera que cuando descubres la identidad de tu mente, comprendes que eres único para determinado propósito en la Tierra de parte de Dios. Por otro lado, si no operas bajo esa programación divina en tu mente, puedes encontrarte trabajando contra ti mismo, como ya lo mencioné, a consecuencia de utilizar un recurso mental que no fue diseñado para ti. Es por eso que si has sufrido mentalmente, al punto en que ha sido cambiada la programación divina de Dios, debes trabajar en pos de recuperar el propósito con el que Dios te diseñó para que fluyas con plenitud en todo lo que hagas y que no sea una carga lo que estés realizando.

Es lamentable que haya personas que se preparan académicamente, llegan a ser profesionales de determinada carrera universitaria, pero no fue lo que estaba programado de parte de Dios en ellos por cuanto no les ha traído gozo estudiarlo y eso los ha enfocado a no iniciar labores en lo que estudiaron; en muchos casos, terminan su carrera universitaria pero solamente para complacer a sus padres biológicos y les entregan el título que lo acredita como profesionales, honrándolos de esa forma y se desligan de ese cambio de mente que tuvieron para entonces seguir con lo que les complace hacer lo cual quizá sea estudiar otra carrera universitaria o inician su carrera como empresarios, etc. El punto es que debes saber que si Dios te programó en la mente bajo determinado propósito, debes esforzarte en el nombre de Jesús por desarrollarte para alcanzar esa meta.

Pero ese es un ejemplo a la manera secular; el mayor problema es cuando hay gente dentro de la Iglesia de Cristo que busca alcanzar un ministerio al cual Dios no lo ha llamado a que se desarrolle, en tal caso no le será tomando en cuenta porque es Dios quien ordena qué es lo que cada siervo suya debe cumplir en la Tierra, eso no es optativo y pensar que si no es de Apóstol no quiere otra cosa la gente. Uno de los indicativos que puede darte cierta confirmación, aunque no es regla de que sea siempre así; si tienes gozo en el corazón con lo que haces, puede ser entonces que sea parte de lo que Dios te programó para que hagas en la Iglesia y aún en lo secular, en tal caso debes seguir ese camino y saber que, habrá tropiezos, obstáculos que debes vencer en el nombre de Jesús.

Renovación De La Mente

La palabra mente, viene del término griego que se pronuncia **NOÚS**, su código en el diccionario Strong es **G3563** y sus diferentes acepciones son: pensamiento, sentimiento o voluntad); por implicación significa: entendimiento, mente, pensar. La mente, el órgano de la percepción mental y la aprehensión, de la vida consciente, de la conciencia que precede a las acciones o las reconoce y juzga, comprensión inteligente.

Hace mucho tiempo enseñé que existían 17 tipos y niveles de mente empezando con la mente que tuvo el primer hombre en el huerto del Edén, pero era necesario avanzar hasta llegar a la meta; la mente de Cristo para poder comprender lo siguiente:

Apocalipsis 13:18 (RV1960) Aquí hay sabiduría. El que tiene **entendimiento**(NOÚS G3563), cuente el número de la bestia, pues es número de hombre. Y su número es seiscientos sesenta y seis.

Sin embargo, aunque si bien es cierto que debes evolucionar, también debes saber que preexistencialmente tu mente fue programada por Dios de acuerdo a la mente de Cristo porque eso es lo que deja ver la Biblia, según lo descrito en la cita base de este capítulo:

1 Corintios 2:16 Porque ¿QUIEN HA CONOCIDO LA MENTE DEL SEÑOR, PARA QUE LE INSTRUYA? Mas nosotros tenemos **la mente**(NOÚS G3563) **de Cristo**.

Pero a este versículo debo añadirle que cuando fuiste creado, fue en base a la imagen de Cristo:

Romanos 8:29 (RV1960) Porque a los que antes conoció, también los predestinó para que fuesen

hechos conformes a la imagen de su Hijo, para que él sea el primogénito entre muchos hermanos.

Entonces, la mente de Cristo en ti fue puesta desde que viniste a la Tierra pero debe ser validada en base a los frutos que puedas llevar en tu vida y de esa manera salir aprobado por Dios; pero el punto hacia donde te llevo con esto es que tienes la mente de Cristo, de tal manera que todo pensamiento contrario a ti, debes echarlo fuera en el nombre de Jesús para que no esté anidando ni un solo pensamiento de las tinieblas en tu mente y corazón.

LAS TRES DIMENSIONES DE LA MENTE

1. Dianoia: el área consciente.
2. **Nous: subconsciente.**
3. Cheder: Inconciente.

En el área de la mente identificada como **NOÚS**, tiene lugar lo siguiente:

- ✓ Es la dimensión de la mente de baja frecuencia y estado intermedio (neutral) donde transitan los pensamientos.

- ✓ Otros le llaman preconsciente o subconsciente.

✓ En esta dimensión de la mente, es donde haces decisiones y deliberas juicios, es donde está la **identidad mental** la cual está íntimamente relacionada con la identidad de tu espíritu; así como el cuerpo tiene una identidad y un cerebro que recibe información de la mente, eso te llevará a pensar de acuerdo a la identidad que tengas físicamente; de igual manera funciona en el espíritu humano, tienes identidad que está conectada con la identidad de tu mente. Cabe mencionar que una cosa es la mente y otra el cerebro, son 2 puntos diferentes.

EJEMPLOS BÍBLICOS

La parábola del hijo prodigo

En la parábola del hijo pródigo puedes ver el significado de la identidad propia de su mentalidad. El hijo pródigo tomó la decisión de dejar la casa de su padre, consecuentemente le fue mal en el mundo. Cuando recuperó la mente noús, decide regresar a la casa de su padre.

Lucas 15:17 Y volviendo en sí, *(mente noús)* dijo: ¡Cuántos jornaleros en la casa de mi padre tienen abundancia de pan, y yo aquí perezco de hambre!

✓ Recuperar la mente noús lo trajo de vuelta a la casa, recuperó su identidad mental para saber cuál era el lugar que le correspondía estar; por eso puede reflexionar del lugar hasta donde cayó y saber que aún los trabajadores de la hacienda de su papá, tenían una mejor posición que él.

✓ Cuando se afecta la mente noús se pierde la identidad.

✓ **Y volviendo en sí...** es sinónimo de decir que recuperó la identidad mental.

La historia del gadareno

Tanto la parábola del hijo pródigo como la historia del gadareno permiten ver que ambos luchaban contra sí mismos por la pérdida de la identidad en su mente y como punto interesante puedes ver que ambos personajes se encuentran con cerdos. Por eso, en ambos pasajes notas que recuperaron su identidad en estos puntos: **volviendo en sí...** y **...en su juicio cabal...**

Marcos 5:15 (RV1960) Vienen a Jesús, y ven al que había sido atormentado del demonio, y que había tenido la legión, sentado, vestido y **en su juicio cabal**; y tuvieron miedo.

Descubriendo tu identidad mental, alcanzaras el potencial que Dios ha puesto en tu vida y así cumplirás Su propósito para lo cual es necesario tener el control de tu mente y para eso es necesario entonces volver en sí, como recuperar el juicio cabal y consecuentemente serás la persona que has anhelado ser delante de Dios porque es lo que El programó en ti.

El Conflicto De La Identidad Mental

El principal problema con esto, tiene lugar cuando pasas por desapercibido la importancia de tener identidad mental, la cual te permitirá desarrollar el propósito de manera hábil por la misma razón que reconoces cuál es tu especialidad con la que Dios te capacitó.

Un ejemplo que puede servirte para ver qué vivió, antes de volver en sí respecto a lo que debía hacer en la vida, es Moisés. No sabía quién era, no sabía cuál era su propósito y eso lo llevó a hacer muchas otras cosas antes de cumplir lo que Dios le había encomendado.

Las características que llevaban a ver quién era Moisés, son las siguientes:

- ✓ Israelita, de la simiente Leví.

- ✓ Criado como egipcio en casa de Faraón.

- ✓ Huyó de los egipcios al desierto porque mató a un egipcio para defender a un israelita.

- ✓ Se escondió en el desierto de Madián durante 40 años en medio de 2 culturas, primero la egipcia y después la cultura de los madianitas, eso lo hizo que asimilara mentalidades que eran contrarias a la mentalidad única con la que Dios lo había diseñado para cumplir el propósito de libertar al pueblo de Dios de la esclavitud de los egipcios.

Cuando no sabes cuál es la identidad de tu mente y de pronto te enfrentas con tu realidad, podría ser que llegue la interrogante como sucedió con Moisés: ¿quién soy yo? Lo interesante con esto es que, para responderle, Dios se manifiesta de una manera que no es conocida por ningún lado porque le dice: **Yo Soy el que Soy**. Implícitamente le estaba diciendo a Moisés que él tenía también su propio **Yo Soy** y era ahí donde estaba el propósito que debía cumplir.

✓ Dicho en otras palabras, tu verdadera identidad para lo cual naciste, está en Dios, razón por la cual El te ha librado de la muerte muchas veces, quizá ni lo has notado pero Dios te ha guardado de la mano del maligno para que no te destruya porque tienes un propósito definido por El.

La ley de la primera mención del Yo Soy - YHYH

La primera expresión bíblica de no saber quién era, es la de Moisés.

✓ Dios revelándose a Sí mismo, le habla a Moisés desde la zarza que ardía en fuego.

Éxodo 3:9-10 (LBA) Y ahora, he aquí, el clamor de los hijos de Israel ha llegado hasta mí, y además he visto la opresión con que los egipcios los oprimen. **10** Ahora pues, ven y te enviaré a Faraón, para que saques a mi pueblo, los hijos de Israel, de Egipto.

Éxodo 3:11-12 (LBA) Pero Moisés dijo a Dios: **¿Quién soy yo** para ir a Faraón, y sacar a los hijos de Israel de Egipto? **12** Y Él dijo: Ciertamente yo estaré contigo, y la señal para ti de que **soy yo** el que te ha enviado será ésta: cuando hayas sacado al pueblo de Egipto adoraréis a Dios en este monte.

Moisés con conflicto de identidad pregunta: **¿quién soy yo?**, pero Dios sin conflicto alguno le dice **YO SOY**, el que te ha enviado.

Cuando intentas suprimir tu identidad, lo cual ocurre cuando reaccionas negativamente a las circunstancias de la vida; sales de tu identidad única y creas un ambiente tóxico para tu propia vida de pensamientos. Cuando intentas ser lo que no estás llamado a ser, te encuentras en un conflicto que, no solamente te incomodará, sino que te hará hacer cosas incorrectas, cosas que no están en los planes de Dios para tu vida; es más, si pretendes tener una mentalidad distinta a la que te pertenece, estás fuera del plan de Dios, lo que dará espacio para que las tinieblas aprovechen a sembrar una semilla que no es de Dios.

En cuanto a Moisés, puedo decirte que su base de formación física, había sido influenciada por valores espirituales egipcios, aunque su esencia era hebrea, eso mismo hizo que tuviera un conflicto de identidades en su interior; su espíritu humano había sido creado para tener comunión con Dios, sin embargo toda su educación estaba llena de filosofías egipcias, estaba enfocado a que un día llegaría a ser un Faraón.

Dios se manifestó primero a Moisés aclarándole el panorama respecto a quién era y a qué había sido llamado a ser porque de pronto se vio en medio de 2 culturas o etapas de su vida de lo cual era necesario ser totalmente libre de aquella falsa identidad con el propósito de recuperar la propia y así poder romper la esclavitud mental de todos los hebreos en aquel momento y que se les había formado por 400 años. Moisés no podía ser libertador mental si él no había experimentado primero esa libertad.

Lo mismo sucede muchas veces en la vida de gente cristiana; tienen en su esencia que son hijos de Dios pero son desviados de la verdadera identidad y eso los hace que estén usurpando identidades que son contrarias a las que el Espíritu Santo les ha enseñado. Por eso es importante la renovación de la mente, porque te llevará a descubrir finalmente tu verdadera identidad mental para que hagas la voluntad de Dios a la que fuiste llamado mientras estás en la Tierra.

Los Pensamientos De Dios y Su Identidad

Éxodo 3:13-14 (LBA) Entonces dijo Moisés a Dios: He aquí, si voy a los hijos de Israel, y les digo: "El Dios de vuestros padres me ha enviado a vosotros," tal vez me digan: "¿Cuál es su nombre?", ¿qué les responderé? **14 Y dijo Dios a Moisés: YO SOY EL QUE SOY**. Y añadió: Así dirás a los hijos de Israel: **YO SOY** me ha enviado a vosotros.

Dios dijo: **YO SOY EL QUE SOY**, estos son mis planes, esta es mi idea, estos son mis pensamientos **con eso se estaba identificando quién es El**.

La palabra **IDEA**, está íntimamente relacionada con la palabra **IDENTIDAD**, dicho de otra manera, tus ideas manifestarán quién eres, qué identidad es la que tienes.

EL YO SOY ES YHVH

- ✓ YHVH es el gran nombre **YO SOY**, en hebreo es expresado por las consonantes que los judíos llaman: **TETRAGRAMATÓN** el gran e inexpresable nombre de Dios.

- ✓ De ahí es de donde se obtiene el nombre Jehová.

- ✓ Los judíos dicen que este nombre es tan santo que, no intentarán pronunciarlo.

✓ Pero Dios le mandó autoritariamente a Moisés a que, usara Su nombre para acercarse a los esclavos hebreos en Egipto.

Eclesiastés 3:11 (DHH) Él, en el momento preciso, todo lo hizo hermoso; **puso además en la mente humana la idea de lo infinito**, aun cuando el hombre no alcanza a comprender en toda su amplitud lo que Dios ha hecho y lo que hará.

Eclesiastés 3:11 (RV 1960) Todo lo hizo hermoso en su tiempo; **y ha puesto eternidad en el corazón**^{H3820} de ellos, sin que alcance el hombre a entender la obra que ha hecho Dios desde el principio hasta el fin.

Los pensamientos forman quién eres, es por eso que ahí se encuentra la identidad mental. Encontrar tu verdadera identidad, te capacitará para encontrar la libertad en la cual fuiste creado.

La palabra **corazón** descrita con el código **H3820** en la versión de la Biblia RV1960 que describí, según el Diccionario Strong, está identificada con un término hebreo que se pronuncia **LEB**, también usado muy ampliamente para los sentimientos, la voluntad e incluso **el intelecto**.

Pensamiento, **sabiduría,** voluntad, voluntariamente.

Esto me lleva a pensar entonces que Dios ha puesto en tu mente la idea de lo infinito, dicho en otras palabras te está llevando a algo que no tiene límites, que en el plano preexistencial le creó a tu cerebro una identidad para que puedas hacer posible algunas cosas cuando descubras tu propia mentalidad que, como ya lo mencioné, la creó de forma única y preexistencialmente.

- ✓ **YHVH** es el nombre que liberta de la esclavitud, de la falsa identidad mental.

- ✓ **YHVH** es el que te libera de los 7 pseudos yo soy, eso significa que existen 7 formas de esclavizarte mentalmente para desarrollarte erróneamente en lo que a tu identidad se refiere; aunque no debería ser así, pero como aún hay mucho que la Iglesia de Cristo desconoce respecto a quién es, entonces se le abren puertas a esas 7 formas de ser influenciados para tener una falsa identidad.

- ✓ Para ser libres te revela los 7 **YO SOY** del **YHVH** a través de Cristo.

✓ 14 veces es mencionado en la Biblia los 7 **YO SOY**.

Entonces, el YO que tienes, contribuye para formar lo que ahora eres y que muchas veces va en contra de la verdadera IDENTIDAD que Dios te dio: el **YO** perfecto o verdadero.

Es por eso que uno de los propósitos de este libro, es que puedas hacer una reflexión de tu vida y notar entonces si tienes la identidad que Dios destinó que tuvieras y si no la tienes, entonces es el momento de detenerte y hacer un inventario de tu vida para saber qué es lo que te ha complicado tanto la vida. Quizá has emprendido muchos proyectos que consideraste serían de bendición para tu vida, pero simplemente no tuviste éxito porque estabas caminando en pos de una identidad que no es la que Dios destinó en la que debías desarrollarte en la Tierra.

Lamentablemente la Iglesia de Cristo está influenciada de cosas a las que no fue llamada a ser; muchos cristianos están esforzándose para alcanzar metas que no son de acuerdo a su propia identidad y eso los hace fracasar; lo peor de todo es que mientras no se detengan para dejar que el Espíritu Santo los ordene de acuerdo a los planes del Padre, seguirán perdiendo su tiempo.

Es por eso que los ministros siervos de Dios que están a cargo de congregaciones, sin importar el número de ovejas que tengan a su cargo porque Dios se las encomendó; no deben esforzarse por formar su imagen en ellos porque el ejemplo a seguir es el Señor Jesucristo, ¿quieres saber cómo ser?, mira la vida de Jesús y cómo se desarrollo, qué fue lo que hizo y cómo lo hizo, Jesús es el ejemplo a seguir y no la vida de ningún siervo de Dios.

Por supuesto que el Apóstol Pablo dijo que lo imitaran a él en lo que él imitaba a Cristo, pero entonces el parámetro sigue siendo el Señor Jesucristo y no los hombres que, por más consagrados que podamos estar, tu meta siempre debe ser Jesús, caminar como Él, vivir como Él. Además, podrías imitar a una persona en lo bueno que se desarrolla pero nunca podrás pensar como esa persona, de tal manera que tu identidad y tus ideas, si son con las que Dios te creó, tendrás una vida exitosa sin importar en lo que te desarrolles porque al final encontrarás el propósito para lo cual fuiste creado.

Si estás imitando a una persona en su personalidad física, nunca lograrás la libertad a la cual fuiste llamado porque siempre estarás viendo cómo imitas a esa otra persona. No lograrás ser como ese alguien que no eres, porque podrás imitarlo en lo que tus ojos ven, pero nunca en sus pensamientos; de tal manera que no encontrarás la satisfacción de lo que eres si no te proyectas con las ideas e identidad que Dios puso en ti.

Los 7 Pseudo Yo Soy

El problema de tu YO, es por la identidad de muchos la cual es formada por los 7 factores de la identidad que en algún momento estarán influenciando tu vida y que consecuentemente estarán interrumpiendo tu verdadera identidad:

1. La genética

Todo esto es lo que estará creando una fuerte influencia sobre tu vida, aunque no debe ser así, pero tiene lugar cuando la gente no tiene identidad propia; de tal manera que aunque parezca imposible, puedes ser libre de cada una de esas áreas que influyen fuertemente sobre tu vida, aún de la genética y epigenética como lo describí ampliamente en el libro **LOS ANCESTROS**; es todo un libro donde pudiste ver cómo tienes influencia de la línea genealógica a la cual perteneces pero que también puedes ser libre porque en Cristo tienes una nueva oportunidad de ser diferente.

2. Lo biológico

Otro punto que podría ser difícil de creer que seas libre es de la influencia biológica en cuanto al género de ser hombre o mujer. Hoy día ser ha proliferado ese tipo de problemas en cuanto a que la gente que es hombre, batallen porque quieren ser mujer o viceversa; lo cual no es más que el resultado de una falsa identidad que se heredó, aunque no precisamente de tus familiares más cercanos porque en la epigenética hay una amplia explicación de donde puedes ver entonces que puedes ser influenciado de una línea ancestral de 42 personas y cada uno de ellos, influenciado por otros 42 y así sucesivamente.

El problema pudo tener lugar hace varios cientos de años antes que llegaras a la Tierra, y se quedó en un gen generacional apagado y reservado para el momento en que aparecieras, sabiendo que en ti llegaría el cambio a tu familia; sin embargo Satanás aprovecha aquella situación que se desconoce y se empieza ese tipo de batalla hasta que llega la intervención de Dios para regenerar el ADN como lo pudiste ver en el capítulo anterior.

3. Lo cronológico

En lo cronológico también hay influencia al punto que, muchos se ven afectados porque nacieron en determinado orden, quizá nació de primero y cree que todo lo malo tuvo que vivirlo él o ella por ser el primero o el segundo o el último, de cualquier forma habrá una influencia que estorbará la vida en ese ámbito.

4. Lo geográfico

La influencia geográfica puede darse porque una persona nació en determinado lugar y eso lo hace que tenga un carácter de falsa humildad, pretende que todos lo vean como alguien que es digno de lástima o al revés, por el lugar donde nació piensa que es mayor a cualquier otra persona y pretende desenvolverse como un déspota e imponiendo esclavitud.

5. Lo sociológico

El aspecto sociológico es una de la influencias más fuertes en la actualidad porque si no se tiene bien cimentada la personalidad, alguien que nació en medio de una sociedad a la que no pertenece, se puede ver influenciado pretendiendo ser más que otros.

6. Lo teológico

La influencia teológica puede llevar a una persona a que caiga radicalmente en creencias que le formaron desde pequeño y seguir un modo de vida sin razón alguna; se vive bajo costumbres y tradiciones sin sentido pero la siguen porque es una herencia teológica la cual, sino es erradicada, cuando se llega a la luz de Jesús, solamente se cambia de vista la idolatría, antes era una imagen de yeso o madera, ahora es un predicador; como repito, la persona está en la luz de Jesús pero en un proceso que le llevará mucho trabajo completar si no se trabaja bajo la perspectiva de identificar las áreas que deben ser desarraigadas del corazón como lo es la idolatría.

7. Lo psicológico

El área psicológica puede traer la influencia de los impactos negativos que ha dejado la vida en otras personas y de pronto se manifiestan en la siguiente generación sin saber el por qué; al punto que entonces se viven momentos difíciles en el alma, sin explicación alguna. La gente puede llegar a alcanzar identidad de víctima, de sufrimiento, mucho dolor, etc.

Dios sabe de qué tienes necesidad, de tal manera que envía a Su hijo amado, el Señor Jesucristo con una misión específica y liberarte de los 7 factores que forman una falsa identidad de la siguiente forma:

1. Yo soy el pan de vida (Juan 6:35)

2. Yo soy la luz del mundo (Juan 8:12)
3. Yo soy la puerta de la ovejas (Juan 10:7)
4. Yo soy el buen pastor (Juan 10:11, 14)
5. Yo soy la resurrección y la vida (Juan 11:25)
6. Yo soy el camino y la verdad y la vida (Juan 14:6)
7. Yo soy la vid verdadera (Juan 15:1)

La necesidad de tener una identidad propia como es el deseo de Dios, llevará a que Su Iglesia sea poderosa porque estará trabajando en aquello por lo cual cada uno fue alcanzado, no estará perdiendo su tiempo tratando de imitar a un predicador, sino que trabajará con todo el amor de su corazón en aquello que es parte de su propia identidad. Es como el cuerpo humano, cada parte tiene una función especifica y se coordina de la mejor forma cuando todos los miembros trabajan coordinadamente para lo cual Dios los diseñó.

Los Pensamientos Forman Quién Eres

A partir de aquí me enfocaré en explicar más a detalle cómo es que los pensamientos forman tu identidad mental. Necesitas aprender cómo funcionan tus pensamientos personalizados, solamente así vas a poder cumplir el propósito de Dios con éxito mientras estés en la Tierra.

Las cosas que manifiestan tu identidad mental, y que están en el blueprint de tu mente son:

- ✓ Los pensamientos, estímulos, emociones, recuerdos, etc., de tal manera que tu identidad fluye de acuerdo a tu forma de pensar, hablar y actuar.

Proverbios 23:7 ...pues como piensa dentro de sí, así es.

La perfección que debes buscar es en el alma para lo cual necesitas cambiar tu manera de pensar.

Aquí puedo mencionar nuevamente lo dicho por Moisés:

Éxodo 3:11 (LBA) Pero Moisés dijo a Dios: **¿Quién soy yo** para ir a Faraón, y sacar a los hijos de Israel de Egipto?

Por eso debes hacerte una pregunta: ¿aceptas la forma y el plano de la identidad que tienes en tu mente?, ¿estás seguro que esa es la forma en la que Dios diseñó tu mentalidad para que pienses y vivas como lo haces hoy?

Si todo el tiempo has sido influenciado y manipulado por otros, siempre llevarás una insatisfacción en el corazón que no le hayas explicación; cuando la respuesta a esa incomodidad es porque estás actuando bajo otra identidad.

El problema con Moisés fue por el daño de una mentalidad distorsionada que sufrió desde su niñez; él debía ser enseñado por sus verdaderos padres acerca del temor de Dios, acerca de que era parte del pueblo del único Dios verdadero; para eso había sido creado, para eso habían sido programados sus órganos, pero lejos de eso le enseñaron una doctrina totalmente distorsionada.

Tener una visión distorsionada es debido al daño que sufre una persona, de manera que vivirá la vida con una mentalidad que no es la que Dios le diseño originalmente, consecuentemente se sentirá imposibilitado para realizar determinadas funciones de parte de Dios, aunque sea El quien lo haya delegado, creerá que no está capacitado, cuando la realidad es que, si Dios te envía a realizar determinada tarea, es porque ya te capacitó desde la preexistencia para que lo realices en el momento que debes hacerlo; no antes ni después, sino cuando Dios te dice que lo hagas, es el momento de hacerlo porque es cuando serás activo para realizar aquello por lo cual fuiste alcanzado.

El Blueprint Mental y La Propia Identidad

Entender tu modo de pensar personalizado, es esencial, no opcional, no hay 2 personas iguales. Si deseas ser verdaderamente victorioso y cumplir con el propósito de Dios en la Tierra, necesitas recuperar tu manera de pensar, de tal manera que, ni siquiera le pones atención a lo que el diablo levanta en contra tuya porque estás enfocado en alcanzar aquello por lo cual fuiste alcanzado.

El diablo podrá levantar gente para que te critique por lo que haces o dejaste de hacer, pero si estás seguro que tienes la identidad de parte de Dios, seguirás adelante sin ningún problema. En mi caso puedo decirte que dentro del llamamiento ministerial que Dios me hizo, he podido escribir 23 libros que, cada uno ha tenido una experiencia maravillosa en Dios aunque he tenido batallas, críticas, etc., pero no han logrado desanimarme porque estoy seguro del llamamiento completo que Dios me hizo, gracia a El tengo ubicada la identidad con la que me hizo y Sus propósitos mientras esté en la Tierra, por lo tanto sigo adelante para agradar el corazón de Dios.

La temática de guerra espiritual y dejar plasmado por escrito como un legado a futuras generaciones lo que Dios me ha revelado, ha sido una de sus comisiones al ministerio que Él me ha permito desarrollar, de tal manera que no me importa ser criticado por quien sea si estoy seguro que la identidad en la que vivo, es con la que vine a la Tierra y que Dios la puso en mí desde la preexistencia. Me gozo en lo que hago porque es la identidad con la que Dios me creó y seguiré avanzando en cada cosa que Dios me mande hacer porque soy Su hijo y Su siervo.

Debo insistir mucho en esto porque uno de los propósitos por los cuales Dios me ha llamado a dejar escritos todos estos libros que has podido leer, es que puedas ser libre en espíritu, alma y cuerpo; no hay 2 personas igual, ni siendo gemelos no son idénticos.

ESTUDIOS COMPRUEBAN DIFERENCIAS EN GEMELOS

- ✓ Aunque tienen un ADN idéntico, son diferentes en su personalidad porque piensan diferente.

- ✓ Su modo de pensar los hace únicos en su personalidad, eso mismo les hace construir de manera distinta su memoria.

- ✓ El hecho de tener memoria propia, los hace aprender de manera diferente aunque el sistema de enseñanza que recibieron sea el mismo; pero por su forma de pensar, aprenden diferente, consecuentemente aplicarán toda la enseñanza de forma distinta porque su percepción de ver las cosas es diferente.

- ✓ Por lo tanto, cambia su expresión genética, cambiando así lo que dicen y hacen.

Cuando haces uso del modo único y personalizado en los pensamientos, te sentirás en paz contigo mismo al echar mano del poder de la mentalidad renovada y saludable, convirtiéndote en mejor comunicador y mejorando tus relaciones personales.

- ✓ Los gemelos incluso siendo idénticos, pueden tener diferentes gustos, conductas y decisiones en la vida.

- ✓ Incluso tienen diferentes vulnerabilidades a enfermedades.

- ✓ Sus diferencias pueden estudiarse viendo su epigenética, de la cual es parte el pensamiento personalizado, por ejemplo: el pensamiento de Abraham vino a ser el factor epigenético para Isaac de lo cual es necesario que seas liberado para que no padezcas lo mismo que tus ancestros, empezando desde tus padres, abuelos, bisabuelos, etc.; por eso es sumamente importante que encuentres cuál es tu propia identidad.

EJEMPLO DE UNA HERENCIA ANCESTRAL

Abraham cometió un grave error por miedo a lo que pudieran hacer con él, pero no le importó lo que pudiera suceder con su esposa, peor aún; no le importó lo que acumularía como herencia para su descendencia:

Faraón tomó a Sara por mujer

Génesis 12:13 Di, por favor, que eres mi hermana, para que me vaya bien por causa tuya, y para que yo viva gracias a ti.

Génesis 12:19 ¿Por qué dijiste: "Es mi hermana", de manera que **la tomé por mujer**? Ahora pues, aquí está tu mujer, tómala y vete.

Abimelec tomó a Sara por mujer

Génesis 20:2 Y Abraham dijo de Sara su mujer: Es mi hermana. **Entonces Abimelec, rey de Gerar, envió y tomó a Sara**.

Génesis 20:4 Mas Abimelec no se había acercado a ella, y dijo: Señor, ¿destruirás a una nación aunque sea inocente?

Cuando Abraham pensó en ser librado de la muerte aunque dejaría a su esposa en manos de otro hombre, su ADN fue modificado en su forma de pensar, de tal manera que a la siguiente oportunidad no lo pensó 2 veces porque ya lo había concebido una vez en su forma de pensar, ya tenía células dañadas o reprogramadas que a su vez serían las que heredaría a su descendencia para que tuvieran la misma incidencia, la misma forma de pensar.

El modo en el que piensas es tan poderoso, que cambia tu expresión genética, reestructurando constantemente tu cerebro porque cada célula de tu cuerpo contiene tu constitución plena de ADN.

La herencia epigenética puede transmitirse desde siglos atrás hasta que tú la recibes, pero eso no significa que estés obligado a ser víctima de ningún tipo de herencia con maldición, sino que puedes romper con lo que te hayan heredado aunque no lo hayas pedido; por eso es importantísima la identidad propia en ti porque de esa manera descubrirás tu propósito en la vida y automáticamente cambiará tu expresión genética lo cual repercutirá en alcanzar la sanidad sobre alguna enfermedad inexplicable porque viene de un ancestro de varios cientos de años atrás.

Una de las cosas más lamentables que pueden suceder en este tipo de situaciones, es que la persona que cometió el error o errores nunca se lo advirtió a sus descendientes para que trabajaran en pos de desarraigar los problemas incrustados en el ADN. En el caso de Abraham, puedes ver claramente cómo se repite la misma situación con su hijo Isaac; por supuesto que es vergonzoso confesar una situación como la que cometió Abraham, máxime si es de confesarla a los hijos, llegar a ese momento en el que deberían los padres confesar a los hijos que están bajo amenaza de alguna situación difícil porque lo recibieron como herencia ancestral y deben ayudarlos a trabajar para desarraigarlo de sus vidas, tanto espiritual como físicamente.

Entonces resulta que Isaac comete el mismo error, pensó en salvar su vida arriesgando la de su esposa Rebeca:

Génesis 26:7 Y cuando los hombres de aquel lugar le preguntaron acerca de su mujer, él dijo: **Es mi hermana**; porque **tenía temor** de decir: Es mi mujer. Porque pensaba: no sea que los hombres del lugar **me maten** por causa de Rebeca, pues es de hermosa apariencia.

Esto muestra que en la epigenética puede tener vivencias heredadas de tus ancestros, cambios impulsados externamente, como el modo en que piensas y reaccionas a los acontecimientos de la vida; eso mismo influenciará la conducta de tus genes y la de tus descendientes; no estoy refiriéndome a la herencia genética donde heredas los rasgos físicos de tus padres biológicos, sino que, me refiero a las experiencias vividas por personas que están en tu línea sanguínea de 3, 4, 5 o más generaciones antes de ti y que ellos a su vez estuvieron influenciados también por varias generaciones ancestrales para que todo en conjunto repercutiera en ti porque los pecados vergonzosos (aunque todos lo son), no fueron contados sino que, se los llevaron a la tumba, pero en su momento pasaron genéticamente como herencia reservada para que la recibieras en el momento de tu nacimiento.

ADN En Los Pensamientos

El hecho de enseñar acerca de los pensamientos generacionales, debe llevarte a ser más responsable a descubrir el blueprint de tu identidad mental original que viene de Dios; eso significa que no deberías ser víctima de herencias ancestrales ni la imitación de otra mentalidad.

Si no caminas en pos de buscar tu propia identidad, simplemente te habrás convertido en un puente que deje pasar herencias ancestrales de maldición a tus descendientes, por cuanto estudios dicen lo siguiente:

- ✓ Tus pensamientos pueden afectar las próximas cuatro generaciones.

- ✓ Científicamente está demostrado que el modo en que **las redes de pensamiento** pasan a la siguiente generación, es a través del esperma, y a los óvulos, **a través del ADN** a las próximas cuatro generaciones.

- ✓ Está comprobado por medio de estudios que una señal epigenética puede afectar la expresión genética.

Como lo he dicho antes, no sólo los alimentos cambian los patrones generacionales, sino que, también los pensamientos; esto es parte de lo mucho que amplié en mi libro **LOS ANCESTROS**. He insistido mucho en ese libro porque Dios me permitió escribir todo un libro respecto a la genética y epigenética, donde encontrarás a detalle muchas de las cosas que no están en este libro por cuanto no es ese el propósito, pero estoy haciendo referencia para que vuelvas a estudiar el libro **LOS ANCESTROS** con la base de lo que estás aprendiendo en este libro.

Pensando de manera única

Nuevamente el ejemplo de los gemelos:

En un par de gemelos idénticos, sólo uno desarrolla una enfermedad de asma, el otro no.

- ✓ Tienen el mismo genoma, por lo que deben responder de la misma manera.

- ✓ Pero su percepción personal del mundo y su capacidad de elegir, muestra que piensan y reaccionan de manera diferente.

- ✓ Eso es lo que altera su expresión genética, aunque sus genes son los mismos.

Eso significa que la forma en que reaccionas en tu pensar y tu elegir, se convierte en la señal que activa o desactiva las cuestiones generacionales de tu vida. Por eso, si bien es cierto que pudiste haber recibido una herencia generacional de muchísimas generaciones ancestrales; si estás decidido a caminar en pos de la identidad que Dios puso en ti;

no habrá herencia ancestral que te afecte porque la programación de Dios es más fuerte que cualquier herencia, solamente debes creerlo y aferrarte a esa verdad.

Las herencias generacionales

Los estudios sobre la epigenética muestran que, tanto lo bueno como lo negativo, llegan a través de las generaciones, sin embargo, tu mente es la señal de qué es lo que llevas como identidad, sea lo de Dios o lo heredado ancestralmente.

Los cambios epigenéticos representan una respuesta biológica a una señal ambiental del mundo:

Romanos 12:2 Y no os adaptéis a este mundo...

Esa respuesta puede ser heredada a través de generaciones por medio de las marcas epigenéticas, pero si logras desarraigar la señal, las marcas epigenética se desvanecerán.

De manera que, sus patrones de expresión pueden ser ajustados a través de la señal y esta señal es afectada principalmente por tu reacción a los acontecimientos y circunstancias de la vida, o sea la percepción de tu entorno.

LOS FACTORES DEL YO PERFECTO O VERDADERO

Los modos de pensar imitados

Cuando imitas la mente de otra persona que no es la de Cristo, nunca lograrás tener el éxito del que imitas porque no es lo propio en ti.

(PER 1 Corintios 11:1) Imitadme a mí como yo imito al Mesías.

(LBP 1 Corintios 11:1) Seguid mi ejemplo, como yo sigo el de Cristo.

(SSE 1 Corintios 11:1) Sed imitadores de mí, así como yo del Cristo.

Sólo en la mente personalizada se logra desarrollar el don que Dios te dio: la genialidad, el potencial, etc., necesitas reconocer esas características en ti y también reconocerlas en los otros, pero no para imitarlas, sino por el contrario, seguir siendo quien eres y no caer en imitaciones.

Cuando alguien está enfocado en poner sus pensamientos en gente para que piensen igual que ellos; es una usurpación a una posición que no le corresponde, así como creando generaciones que vivirán con una pseudo identidad porque solamente estarán imitando al que les está imponiendo su personalidad. Esto sucede cuando hay miedo de no querer que otra persona tenga una creatividad que aparentemente sobresalga, porque al final, si alguien es creativo, lo será para lo que esa persona es y de esa misma forma todos los demás y nadie debería sentirse atemorizado por el potencial que otros manifiesten.

La persona que impone su mentalidad sobre los demás; nunca reconocerá lo que otros tienen porque su deseo es tenerlos esclavizados a su forma de pensamiento; sencillamente es una esclavitud psicológica lo que está ejerciendo sobre los demás. Si alguien sobresale por cualquier razón, el que está ejerciendo la esclavitud psicológica lo ve como alguien potencialmente peligroso, pasando por alto que cada persona fue diseñada por Dios con un don diferente que se debe reconocer.

El problema es que cuando la gente se acostumbra a ese tipo de esclavitud, entonces piensan igual que el esclavizador: critica igual, habla en la forma en que otros hablan, actúan, se desarrollan, predican, enseñan, etc., y como ven que su líder lo hace públicamente, entonces sus seguidores lo hacen también porque eso fue lo que les enseñaron.

Sin embargo Jesús dio otro ejemplo, reconocer lo que otros tienen:

Lucas 7:28 Os digo que entre los nacidos de mujer, no hay nadie mayor que Juan; sin embargo, el más pequeño en el reino de Dios es mayor que él.

Cuando alguien no reconoce el don que otro tiene, es porque busca que la mentalidad del tal, prevalezca por sobre todos, lo cual no es de Dios.

FACTORES DEL YO INTERIOR

1. Nunca ha existido alguien como **YO** y nunca habrá otra persona como **YO** en esta Tierra.

   ✓ Esto no es bajo la perspectiva de una persona egocentrista, sino que, estoy enfocándome en que realmente eres único o única, la Tierra nunca ha tenido antes otro persona como tú.

   ✓ No habrá nunca alguien como tú en la Tierra.

   ✓ Eres único.

   ✓ Desde Adán hasta hoy, no hay otro como tú.

✓ Esto era lo que Dios deseaba que Moisés entendiera acerca de: **YO estaré contigo**.

2. Cuando alguien no sabe quién es, estará muy ocupado tratando de ser alguien que no es.

✓ Mucha gente vive decepcionado de sí misma porque vive imitando la identidad de otros sin llegar a estar satisfecho porque busca ser lo que no está llamado a ser.

3. Cuando no sabes quién eres, terminas creyéndole a otras personas lo que ellos piensan de ti y actúas en base a esa imagen que otros te trasladarán. Las consecuencias de esa situación serán la siguientes:

✓ La salud mental y física estará en riesgo, porque los pensamientos afectarán el modo en el que los genes se expresan.

✓ Experimentarás frustración porque se arriesga la claridad del pensamiento y la dirección, afectará el sentimiento de paz interior, la habilidad para comunicar y aprender; y todo eso será por pretender operar con una mentalidad que no es la tuya.

4. Es imposible amar a otra persona cuando no se tiene la capacidad de amarse a sí mismo porque no se sabes quién eres.

Como puedes ver entonces, la guerra por la genética es porque desde ahí se fragua todo lo que llegarás a ser, es ahí donde Dios programa con minuciosidad cada partícula de tu ser para que tengas personalidad propia pero enfocada a ser como el Señor Jesucristo y entonces alcanzar la perfección en tu espíritu, alma y cuerpo, y bajo esa perspectiva te desarrollarás en el llamamiento que tienes de parte de Dios haciéndolo con gozo porque te sentirás en el hábitat que El creó para ti en cada situación que debas vivir; sabrás el propósito de la salvación de tu vida, pero insisto, debes caminar bajo la identidad con la que Dios te creó sin la necesidad de imitar a otros.

Biblioteca De Guerra Espiritual Para Combatientes De Liberación

ESCUELA DE INTERCESORES
SEGUNDO NIVEL

DR MARIO H. RIVERA

ESCUELA DE INTERCESORES
PRIMER NIVEL

APÓSTOL MARIO H. RIVERA

SERIE: EQUIPAMIENTO INTEGRAL PARA COMBATIENTES DE LIBERACION #8

LAS RAICES DEL ABISMO

DR. MARIO H. RIVERA

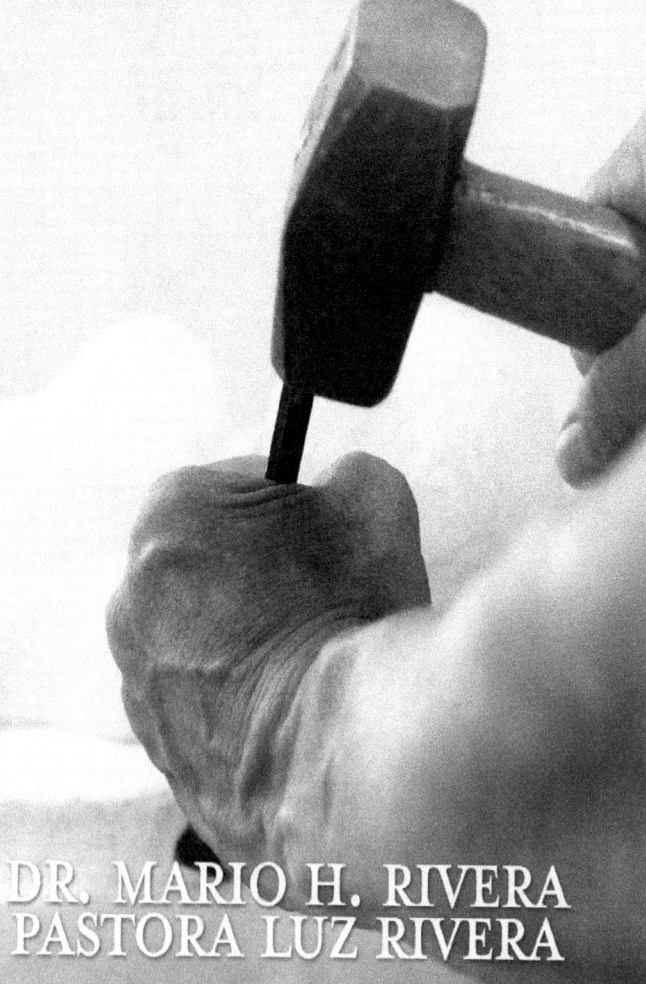

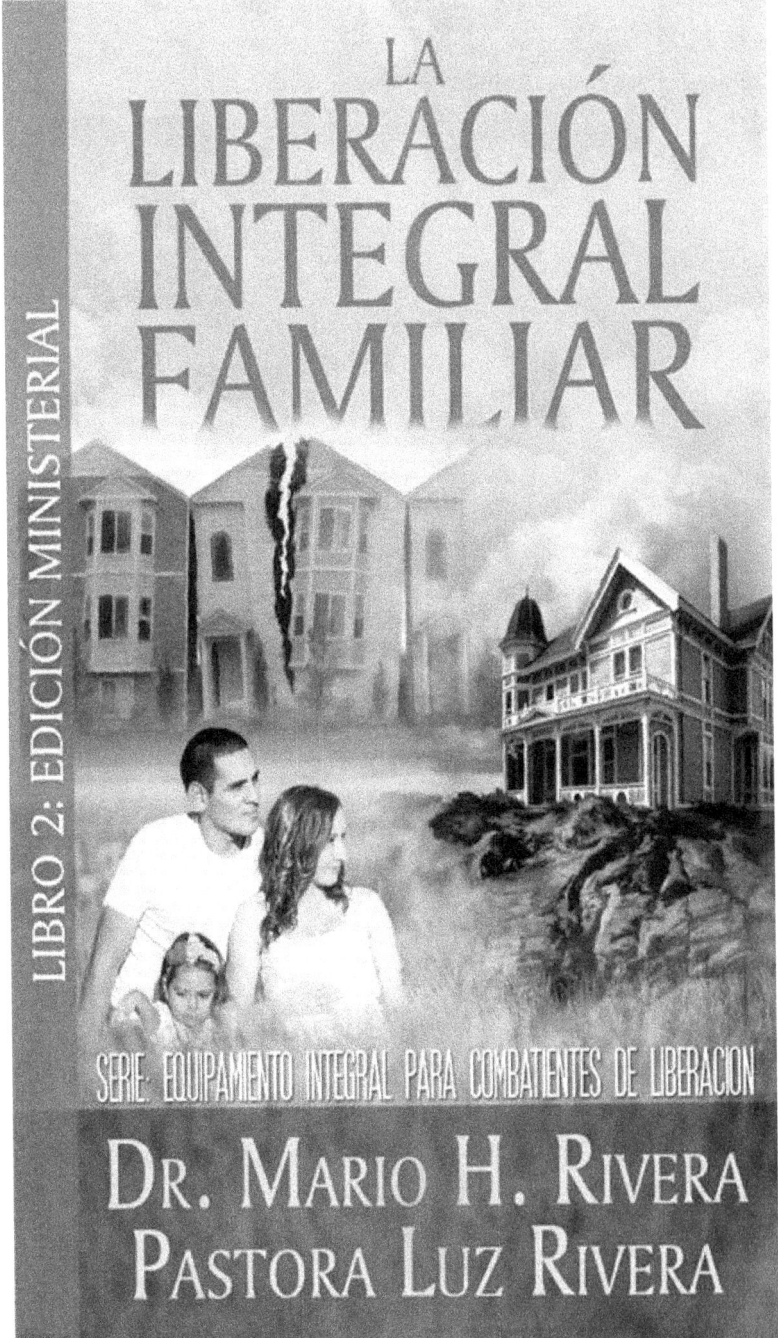

www.ingramcontent.com/pod-product-compliance
Lightning Source LLC
Chambersburg PA
CBHW051037160426
43193CB00010B/973